ERNA BÄCHI-NUSSBAUMER
SO FÄRBT MAN MIT PFLANZEN

ERNA BÄCHI-NUSSBAUMER

So färbt man mit Pflanzen

Ein Werkbuch zum Färben von Schafwolle
mit vielen praktischen Hinweisen, Rezepten,
Abbildungen, einem Pflanzenatlas und einem
Lehrgang zum Karden und Spinnen

Verlag Paul Haupt Bern und Stuttgart

Bildernachweis

Seiten 9 und 103: Mechthild Lemberg/Brigitta Schmedding, Abegg-Stiftung Bern in Riggisberg, Textilien. Schweizer Heimat-
bücher 173/174. Verlag Paul Haupt Bern 1973.
Seiten 12 und 69: Bayer Revue in Farben. Bayer AG Leverkusen.
Seite 15: Emil Ernst Ploss, Ein Buch von alten Farben. Heinz Moos Verlag München 1973.
Seite 97: A. Gnehm, Erlenbach (Bild c); Erna Bächi, Zürich (Bild d); Markus Bächi, Zürich (Bild e); C. Matill, Zollikon (Bild f);
M. Wyssling, Pfaffhausen (Bild g und h).
Seite 99: M. Sonderegger, Buchs (Bild a); S. Kreis, Schaffhausen (Bilder b, c und d).
Seite 101: Regula Wyssling, Zürich (Bilder i und k); Kinderarbeit Atelier Lofty, Kairo (Bilder l und m).
Seiten 142 ff. (Färbpflanzenatlas): Dietmar Aichele, Was blüht denn da? In Farbe. Ein Führer zum Bestimmen von wildwach-
senden Blütenpflanzen Mitteleuropas. Franck'sche Verlagshandlung. Kosmos-Verlag Stuttgart 1975.

ISBN 3-258-02559-2
Alle Rechte vorbehalten
Copyright © 1976 by Paul Haupt Berne
Printed in Switzerland
Typographische Gestaltung: Kurt Thönnes, Bern
Fotolithos: Aberegg-Steiner AG, Bern
Druck: Graphische Anstalt Schüler AG, Biel
Buchbinder: H. + J. Schumacher AG, Bern

Alles Lebendige strebt zur Farbe (Goethe)

Dieses Buch ist meinem lieben Mann gewidmet,
der meine Färbetätigkeit stets mit regem Interesse begleitet hat
und zum Gelingen dieser Arbeit massgeblich beitrug.

INHALTSVERZEICHNIS

Entenstoff (Ägypten, 9. Jahrhundert), Samit-Gewebe aus Wolle mit Naturfarben. Standort Abegg-Stiftung Bern in Riggisberg.

EINLEITUNG

Wenn sich die Natur wieder im schönsten Farbenkleide zeigt und unsere Augen und Herzen erfreut, so mögen sich unsere Gedanken auch dann und wann damit beschäftigen, wie reich der Mensch beschenkt wird durch die Pflanzenwelt. Sie kann, von uns in rechtem Sinne gepflegt, unsere beste Nahrungsquelle sein; altes Wissen mit neuen Erkenntnissen gepaart gewinnt aus ihr eine grosse Zahl wirksamer Heilmittel; die Kosmetik- und Parfumindustrie macht sich die Duftstoffe und ätherischen Öle zunutzen; und schliesslich schlummern in den Pflanzen auch die *Farbstoffe*. Nicht dem Auge gleich sichtbar, aber im Verborgenen warten sie darauf, von den Menschen hervorgeholt zu werden, um in wohltuender harmonischer Vielfalt sie zu erfreuen.

Die Bekleidung des Menschen hat im Verlaufe der Jahrtausende viele Wandlungen durchgemacht. Im Norden kam ihr vor allem die Aufgabe zu, gegen die Kälte zu schützen. In den warmen Gegenden aber war sie Schmuck und Zierde. Das Bedürfnis des Menschen, sich mit Farben zu umgeben, ist uralt. Schon in ägyptischen Mumiengräbern aus der Zeitepoche um 2500 v. Chr. hat man auf gewebten Bändern Reste in gelblicher bis rötlicher Farbe gefunden, die von der Färberdistel stammen. Die Chinesen sollen schon 2000 v. Chr. Indigo und Kermes gekannt haben. Auch soll sich ein grüner Farbstoff besonderer Beliebtheit erfreut haben, der in der Sprache des Landes Lo-Kao genannt wurde. Im Zweistromland, etwa innerhalb des Gebietes des heutigen Irak, lebten die Sumerer um 2000 v. Chr., wo sich die Hofdamen in farbenfrohe Gewandung aus Wolle kleideten. Zu den ältesten bekannten Farbstoffen gehören Krappwurzel, Wau, Färberdistel, Safran, Waid, Indigo und Purpur. Indien ist die Heimat der Indigofärberei, während der Purpur von den Phöniziern stammen soll. Bei den Herrschern des Mittelalters und bei der hohen Geistlichkeit war dieser Farbstoff ganz besonders begehrt. Er blieb Kaisern, Königen und Kardinälen vorbehalten und durfte von den Untertanen nicht getragen werden.

In Pompeji fand man bei Ausgrabungen eine komplette Werkstatt der römischen Färber. Aber auch die nördlichen Völkerstämme, so zum Beispiel die Germanen, haben das Färben verstanden. Es sind Textilien gefunden worden, die aus der Bronze- und Eisenzeit stammen, d.h. von 1800 bis 750 v. Chr., die vorwiegend mit Waid, Wau und Färberginster gefärbt worden waren.

Aus der Hausfärberei im Mittelalter, die zum grössten Teil von Frauen ausgeübt wurde, entwickelte sich die Färberei an den Höfen, in Klöstern und schliesslich in den Färberzünften. Sie wurde eine Männerangelegenheit, denn zu den Gilden wurden Frauen nicht zugelassen. Fast in jedem grösseren Ort findet man noch heute Namen wie «Färbergasse», «Färberstrasse», Häuser, die mit «Farbhof» bezeichnet sind. Sie sind Zeugen aus der Hochblüte der Färberei in den Städten. Färbpflanzen wurden im grossen kultiviert, besonders Krapp und Wau. Aber es gab auch die speziellen Waidbauern, denn neben

In Pompeji aufgedeckte
römische Färbanlage
(Teilansicht)

den Schön- und Schlichtfärbern war als gesonderte Gruppe diejenige der Waid- oder
Blaufärber, die ihre Rezepte und Berufserfahrungen streng geheimhielten. Die Färbekraft der Pflanzen wurde aber nicht nur bei der Kleidung angewendet: in Museen
bewundern wir herrliche alte Teppiche und Wandbehänge. Decken, Überwürfe, Möbel-
bezüge wurden zur Ausgestaltung der Wohnstätten farbig gewirkt und gestickt.
Mit der rapiden Entwicklung der Naturwissenschaft im 19. Jahrhundert, in unserem
Zusammenhange besonders der Chemie, begann ein neues Zeitalter. Es gelang dem Menschen, aus dem Farblosen, aus einem Teerderivat, Farben herzustellen. Diese grossartige
Errungenschaft des menschlichen Geistes hat sich sehr rasch entwickelt. Das Färben
wurde immer einfacher, bis schliesslich eine Tablette, in Wasser aufgelöst, genügte, um

ein Färbbad zu bereiten. Die umständliche, zeitraubende Pflanzenfärberei wurde durch diese neuen Methoden rasch zurückgedrängt und drohte in Vergessenheit zu geraten. Das geschah in der Zeit, da der Mensch durch seine Hinwendung zu den äusseren Erscheinungen und durch sein Fussfassen in der materiellen Welt seine Umwelt wissenschaftlich zu betrachten begann und der feine Spürsinn für das hinter dem Irdischen anwesende Geistige einschlummerte. So hat man die chemischen Farben als willkommene Entdeckung begrüsst. Sie haben, trotz allerlei Einschränkungen, die ihnen anfänglich noch auferlegt waren, bald die Oberhand gewonnen. Von der Pflanzenfärberei blieben nurmehr einige wenige kleine Heimbetriebe, in welchen in bescheidenem Umfange die alte Überlieferung noch gepflegt wird; so zum Beispiel in Skandinavien, Schottland und Irland, wo es sich um eine Art Familientradition handelt und wo auch die Rezepte von Generation zu Generation mündlich überliefert werden. Auch in einigen Schweizer Alpentälern, im Misox zum Beispiel, war das Färberhandwerk noch lange lebendig. Im Verzascatal im Tessin wird es noch heute in alter Tradition durchgeführt. Im Osten aber, der uns einst mit so herrlichen pflanzengefärbten Teppichen beschenkte, beherrschen heute die chemischen Farben fast restlos den Markt. Selbst die Nomadenvölker führen in den Satteltaschen die synthetischen Farbstoffe in Pulverform mit sich! Wenn man bedenkt, wie einfach es heute ist, ein Färbbad zuzubereiten, ist die Frage nach dem Sinn unserer umständlichen, aufwendigen Arbeit verständlich. Sicher hat das Pflanzenfärben heute als Fabrikation keine Bedeutung mehr. Vom Gesichtspunkte der «Nützlichkeit» aus gesehen, wäre ihm die Daseinsberechtigung wohl abzusprechen. Als künstlerische Betätigung aber bekommt es einen tieferen Sinn, denn man begibt sich hinein in beglückende Werdeprozesse, denen wir sonst kaum mehr begegnen. Die Errungenschaften der Technik und Chemie greifen tief in unseren Alltag ein und versehen uns mit raffiniertesten Fertigprodukten für Küche und Bekleidung, Wohnung und Garten, so dass wir in einer entzauberten Welt leben. Unternehmungslust, Phantasie und Erlebnisreichtum der Hausfrau werden zu Handlangerdiensten herabgemindert; deshalb langweilen sich viele junge Frauen und Mütter zu Hause. Besonders aber das Kind hat seine einstmals reiche Erlebniswelt verloren. Es erlebt ja mit Nase und Ohr, mit dem ganzen Menschen, im nachahmenden Tun. Das ist seine geistig-seelische Nahrung. Und in dieser Hinsicht müssen wir heute von einer eigentlichen Unterernährung sprechen.

Und noch ein Gesichtspunkt kommt dazu: es zählt nicht nur das Resultat, sondern auch der Weg. Bei den Pflanzen fängt er an, beim Suchen der Wurzeln, Stauden, Kräuter in den verschiedenen Jahreszeiten, bei Sonne, Wind und Regen, wo uns die Begegnung mit der Natur neue Erkenntnisse und Erlebnisse bringt. Dazu kommt der Kontakt mit den Schafhaltern, der uns durch die menschliche Beziehung Einblicke in andere Lebenszusammenhänge gewährt und uns bereichert. Und schliesslich führt er hin zu den Werdeprozessen in der Färbküche, die Aufmerksamkeit, Geschicklichkeit und Hingabe verlangen. Es ist ein unaufhörliches Unterwegssein, während bei der chemischen Farbe Beginn und Ziel einander so nahe sind, dass von einem Erlebnisbereich kaum gesprochen werden kann.

Aus der Leere, die sich da und dort zu einer eigentlichen Not entwickelt hat, ist ein neues Interesse am Handwerklichen und Künstlerischen erwacht. Auch das Pflanzenfärben wurde davon ergriffen. Aber wie in manchen Bereichen, wo ein Handwerk nur noch auf dem Boden der Überlieferung wurzelt, geht vieles vom ursprünglichen Wissen verloren. Man tut Dinge so, wie man *meint*, dass sie immer getan worden seien, und übersieht dabei wesentliche Grundlagen. Daraus ergibt sich oft eine deutlich wahrnehmbare Abnahme der Qualität. Will man sie zurückgewinnen, so verlangt dies ein tieferes Eindringen in die Materie. Der einfach zubereitete Kräutertee genügt beim Färben nicht. Man muss sich an exaktes Arbeiten gewöhnen, um die Phänomene überhaupt wahrnehmen zu können. «Die Vermannigfaltigung der Versuche deckt erst die Geheimnisse auf» (Goethe).

Chemischgefärbte Strick- und Webgarne haben, obwohl sie in grosser Auswahl und in vielen Farbabstufungen erhältlich sind, eine gewisse Beziehungslosigkeit zueinander. Im Gegensatz dazu beglückt uns beim Färben mit Pflanzen die Harmonie immer aufs neue, die alle diese Farben miteinander verbindet. Man hat den Eindruck, dass sie sich in schönster Weise ergänzen. Das hat seinen Grund darin, dass wir es bei einer bestimmten Pflanze nie nur mit einem einzigen Farbstoff zu tun haben: immer ist es eine Mischung mehrerer Farben. Wenn auch bei jeder Pflanze ein bestimmter Farbstoff vorherrscht, zum Beispiel bei der Krappwurzel das Rot, bei der Apfelbaumrinde das Gelb, bei den Walnussschalen das Braun usw., so spielen doch immer in bescheidenen Mengen noch andere Tönungen herein. Hier liegt das Geheimnis verborgen, dass die Pflanzenfarben so lebendig wirken. Ja, eine weitere Überraschung wartet noch auf uns. Schien einem die eine oder andere Farbe in der Isoliertheit des Werdeprozesses unscheinbar, ja vielleicht ein Misserfolg, so entdeckt man mit Erstaunen, wie gerade eine solche Färbung in der Nachbarschaft der andern gewinnt und erst eigentlich ihre zarte Schönheit entfalten kann.

Dieses wundersame Spiel zarter Nuancen muss uns aber beim Färben erst seine Geheimnisse preisgeben. Was Erwachsene wie Kinder gleichermassen überrascht, ist die Tatsache, dass wir die Färbekraft nur in seltenen Fällen da finden, wo sie uns am leuchtendsten entgegentritt: in der bunten Vielfalt der Blüten. Dort nämlich hat sie sich meistens bereits vollständig verausgabt. Wir bedienen uns in der Färbküche vielmehr vorwiegend unscheinbarer Rinden, Wurzeln, Kräuter, Blätter und Flechten, in welchen die Färbe-

Nürnberger Rotfärber aus
der Zeit um 1500.
Kolorierte Federzeichnung
aus dem Landauerschen
Stiftungsbuch der Stadt-
bibliothek Nürnberg.

Beispiele aus der harmonischen Vielfalt der Natur-
farben. ▶

kraft noch verborgen schlummert und durch Kochprozesse erst hervorgeholt werden muss. Ob wir im Frühjahr oder im Herbst unsere Rinden schälen, ob eine Pflanze im Süden oder im Norden, im Tal oder auf dem Berg gepflückt, ob sie getrocknet oder frisch verwendet wird, nie ist das Resultat genau dasselbe, alles beeinflusst zart den Farbton.

Früher hat man auch die kosmischen Einflüsse auf das Färben noch viel mehr mit einbezogen. In einem Färbbüchlein von 1685 heisst es: «Wiltu blow machin, nim kornblumen des morgens in dem tawe...» (also: «Willst du Blau machen, nimm Kornblumen des Morgens in dem Tau») oder: «Berberbehre/Brombeeren und Himbeeren werden gesammelt von Bartholomäe bis Michaelis». Wir wissen heute kaum mehr, auf welche Daten diese beiden Tage fallen. Es sind der 24. August und der 29. September. Oder bestimmte Blüten waren am Johannitag zu pflücken «wenn die Sonne am höchsten steht». Auch «Nidsigänt» und «Obsigänt», also der auf- und absteigende Mond – nicht zu verwechseln mit dem zunehmenden und abnehmenden Mond –, waren als Wirkungen auf die Pflanzensäfte noch durchaus bekannt. Solche Zusammenhänge kann man beim stillen Tun in der Färbküche mit der Zeit wieder erahnen.

Nicht nur die Harmonie der Farben untereinander, noch eine andere Eigenschaft der pflanzengefärbten Wolle ist hochwillkommen: bei sorgfältigem Arbeiten erweisen sich viele Töne in hohem Masse als wasch- und lichtecht. Dort aber, wo Sonnenbestrahlung doch ihre Spuren hinterlässt, haben wir es nie mit einem «Absterben» zu tun, wie wir es manchmal bei chemischen Farben beklagen. Es mögen zwar Veränderungen eintreten, aber sie fallen nie aus der Harmonie heraus. Im Gegenteil, sie können eine Farbkomposition durch das Zarterwerden einiger Töne noch schöner werden lassen. Wir kennen diese Tatsache auch von den alten pflanzengefärbten Orientteppichen.

Im Laufe der Jahre können wir erleben, dass der Umgang mit den Pflanzenfarben organbildend ist. Unser Auge entwickelt sich, lernt immer besser, feinere Nuancen zu unterscheiden, und die Vielfalt der auf uns wirkenden Farbenwelt bereichert uns mehr und mehr. Dies ist von umso grösserer Bedeutung, als es unsere schnellebige Zeit dem Menschen erschwert, auf den harmonischen Farben, die uns die Natur draussen bietet, zu verweilen. Unser abgestumpfter Farbensinn muss durch Schockfarben (was für ein bezeichnender Name!) aufgeschreckt werden, um unsere Aufmerksamkeit zu erregen. Wir kommen damit ins Gebiet der sinnlich-sittlichen Wirkung der Farben, über die uns Goethe in seiner Farbenlehre, ganz besonders im didaktischen Teil, eine Fülle wertvollster Hinweise vermittelt.

Im Zusammenhang mit Kindern ist das Färben mit Pflanzen auf mannigfache Weise sinnvoll und erstrebenswert. Für jüngere Kinder sind es gerade die erwähnten Werdeprozesse, das Erlebnis des Hervorbringens, das Element der Überraschung, die im Vordergrund stehen. Auf exaktes Durchführen nach Rezepten sollte hier möglichst verzichtet werden. Auch das Sammeln von Kräutern und Flechten, das mühsame Schälen eines gefällten Stammes ist in mannigfaltigste Erlebnisse eingebettet, die das Hinausgehen in die Natur mit sich bringt. Kommt dann in den oberen Klassen der Chemieunterricht, kann das Arbeiten mit Metallsalzen, das Wirken von Säuren und Basen, das Herstellen einer Indigoküpe zeigen, wie der Mensch durch Wissen und exaktes Arbeiten hineinwirken kann in das, was die Natur ihm bietet. Dass er dies in rechter Art tue, die Natur nicht nur braucht oder gar missbraucht, sondern sich ihr liebevoll und dankbar zuwendet, dazu gibt auch das Färben mit Pflanzen bescheidenen Anlass.

Man kann sich von verschiedenen Seiten und aus verschiedenen Gründen dem Färben mit Pflanzen zuwenden. Die eine ist das Handwerkliche, ich möchte es die materielle, die *physische* Seite nennen. Wir denken da an die Freude am Werkstoff Wolle. Man möchte spinnen und weben und farbig gestalten. Für viele Menschen kommt dazu das Sich-abwenden-Wollen von der lauten Betriebsamkeit der Stadt. Sie sehnen sich nach dem einfachen Leben auf dem Lande, möchten siedeln, eigene Schafe haben, eigene Wolle verarbeiten, diese auch färben, wenn möglich mit Pflanzen.

Die zweite ist mehr die *seelische* Seite. Man ist irgendwo den Pflanzenfarben begegnet, fühlt sich von ihnen angesprochen. Wie Seelennahrung empfindet man die Harmonie, die von ihnen ausgeht. Man ist von der chemischen Farbenflut übersättigt, die einen unbefriedigt lässt, und möchte selbst den Versuch wagen, das, was einem so harmonisch begegnet ist, zu verwirklichen. «Farbe ist Seele der Natur und des ganzen Kosmos und wir nehmen Anteil an dieser Seele, wenn wir das Farbige miterleben» (Rud. Steiner). Wir denken hier auch an die therapeutische Wirkung der Farbe, die in der Medizin und Pädagogik schon lange erkannt worden ist (Temperamentsfarben für Spielzeug und Kinderbekleidung, Ausmalen von Therapieräumen in Kliniken, von Klassenzimmern in Schulen, Augenbehandlungen durch Farbensehen usw.).

Und schliesslich kann man auch von einer *geistigen* Seite sprechen. Es entsteht ein lebendiges Interesse an der Farbenwelt. Man möchte in das *Wesen* der Farben überhaupt eindringen. Die Frage nach der Beziehung des Menschen zur Farbe wird aufgeworfen, und auf der Suche nach gültigen Antworten begegnet man einem neuen Qualitätsbegriff, der Rücksicht auf die *Herkunft* der Farbe nimmt. Es ist nicht gleichgültig, ob sie ein farbloses Teerderivat als Grundlage hat oder aus der Pflanze stammt, in welcher die Farbe einen Lichtprozess darstellt. Vergleichsweise könnte man auf den Qualitätsunterschied hinweisen, der zwischen synthetisch hergestelltem oder natürlichem, aus der Orangenfrucht gewonnenem Vitamin C besteht. In ähnlicher Weise unterscheidet sich Schwefel, der aus Fäkalien isoliert worden ist, von demjenigen, der in der Natur abgebaut wird, was bei der Herstellung von Heilmitteln Beachtung findet. Nicht nur die Analyse ist massgebend, sondern Wirkungen, die geistige Realitäten darstellen. Wer in der Heilpädagogik tätig ist, kann in dieser Beziehung erstaunliche Erfahrungen machen.

In jedem dieser drei Gebiete, dem physischen, dem seelischen und dem geistigen, können die Beziehungen zu den Pflanzenfarben vertieft werden. Diese drei Regionen bilden zusammen ein Ganzes, und die Färbetätigkeit erhält erst dadurch ihren eigentlichen Sinn, dass alle drei in gleichem Masse gepflegt werden.

PRAKTISCHER TEIL

Allgemeines

Dieses Buch ist auf Wunsch vieler meiner Kursteilnehmer entstanden. Obwohl ihm 20jährige Erfahrung zugrunde liegt, entspricht es nicht unbedingt meinem eigenen Bedürfnis, denn ich bin der Ansicht, dass gerade eine Tätigkeit wie das Färben im Fluss bleiben sollte, stets offen für neue Erfahrungen und Erkenntnisse. Was in Rezepten fixiert ist, führt gerne in eine gewisse Verhärtung hinein. Diese Gefahr wird am besten überwunden, wenn stets ein waches, lebendiges Interesse die Arbeit begleitet.

Die nachfolgenden Anweisungen beziehen sich vorwiegend auf *das Färben von Schafwolle*. Die tierische Faser unterscheidet sich in bezug auf die Färbemethoden von einer Pflanzenfaser u.a. insofern, als sie säurefreundlich und laugenempfindlich ist, während sich die letztere gerade umgekehrt verhält. Es ist also anzustreben, dass sich die Arbeiten in einem Säuremilieu abspielen und eventuelle Alkalität immer wieder neutralisiert wird. Wie wichtig die Berücksichtigung dieser Eigenschaft ist, zeigt sich bereits an der Wollflocke selbst, die ja in Hautnähe durch die Fettsäure sich in ihrem gemässen Milieu befindet, an der Flockenspitze aber oft durch äussere Einflüsse basisch in Mitleidenschaft gezogen wird. So schädigen Urin und Kot die Fasern oft so stark, dass die Flockenspitzen beim Waschen brechen und weggezogen werden können.

Bei der Seide, einem zwar ebenfalls tierischen Produkt, das auch vor Alkalität geschützt werden sollte, weicht die Farbskala entscheidend von derjenigen der Wolle ab. Rezepte für Wolle sollten in der Regel nicht ohne weiteres auf dieses Naturprodukt angewendet werden. Die Seide erträgt Kochprozesse schlecht. Zum Beizen legt man sie am besten einige Stunden ins warme Beizbad. Gesponnene Seidenstrangen werden anschliessend längere Zeit in die warme Färbflotte gehängt und hie und da bewegt, damit die Flüssigkeit gut eindringen kann. Feinere Seidenstoffe werden ein oder mehrere Male in die Färbflotte getaucht, dann mit etwas Essigzusatz gewaschen und feucht gebügelt.

Baumwoll- und Wollfasern haben schon von der Struktur her ganz verschiedene Eigenschaften, welche die Farbaufnahme entscheidend beeinflussen. Dieser Unterschied ist in der Färberei schon früh erkannt und bei der Handhabung berücksichtigt worden. Er muss auch von uns entsprechend zur Kenntnis genommen werden.

Obwohl grundsätzlich auch gesponnene Strangen gefärbt werden können, bevorzugen wir es, die Wolle in der Flocke zu färben. Das hat den Vorteil, dass ungleichmässig aufgezogene Farben beim nachfolgenden Karden noch ausgeglichen werden können. Durch das Mischen verschiedenfarbiger Flockenwolle im Kardprozess können auch neue Farbtöne mit überraschenden Effekten erzielt werden. Auch lässt die in der Flocke gefärbte Wolle alle Möglichkeiten für die Weiterverarbeitung offen. Wir denken da z.B. an die «Märchenwolle», die unversponnen zum Gestalten von Märchenbildern benützt wird.

Als Unterlage dient ein Stück Filztuch. Die Wolle wird ganz fein ausgezogen und lasierend übereinander gelegt, nicht aufgenäht oder geklebt, sondern nur mit der Hand angepresst. Vier sehr schöne Beispiele finden Sie auf Seite 99. Auch beim Spinnen sind wir noch ganz frei und können von der feinen Stickwolle bis zum dicken Teppichgarn alle Qualitäten nach Wunsch und Bedarf herstellen. Im Kapitel über das Spinnen finden Sie Angaben über die Handhabung der Spindel und des Wollspinnrades. Bei der Strangenfärberei geht diese Beweglichkeit verloren. Vor allem aber sollte auch die Spinnerin die wohltuende Wirkung der Pflanzenfarben miterleben dürfen und nicht tagaus, tagein Rohwolle spinnen müssen, die hinterher gefärbt wird. Greift sie zur gelben Wolle, wird sie anders gestimmt sein, als wenn ihre Wahl auf Blau fällt, und sie wird bei ihrer Arbeit in einen ungeahnten Erlebnisreichtum miteinbezogen.

Auch das Färben von maschinengesponnener Wolle sollte man unterlassen, da die mechanische Gleichförmigkeit des Fadens die Leuchtkraft der Pflanzenfarben herabmindert. Dringend warnen möchten wir vor dem Färben von Wollstoffen, weil die Wolle im Fertigprodukt bei den Kochprozessen verfilzt.

Einrichtung einer Färbküche

Prinzipiell ist zu sagen, dass in jeder Haushaltung in kleinem Umfange in der Küche gefärbt werden kann; ich kenne viele Menschen, die auf diese Weise ihre ersten Erfahrungen gesammelt haben. Immerhin ist zu empfehlen, die Utensilien (Kochtöpfe, Kellen, Messgläser usw.) getrennt vom Haushaltkochgeschirr zu halten und zu bedenken, dass einige der Färbehilfsmittel nicht harmlos sind und unbedingt gut verschlossen und für Kinderhände unerreichbar aufbewahrt werden müssen.

Wenn in grösseren Quantitäten gefärbt werden soll, wäre ein separater Arbeitsraum wünschenswert: eine Waschküche, ein Gartenschopf oder ein Platz im Freien unter grossem Vordach, wo eine oder mehrere Herdstellen eingerichtet werden können und genügend Wasser für die vielen Koch-, Wasch- und Spülprozesse zur Verfügung steht. Ideal wäre auch eine Warmwasserzuleitung.

Einrichtung einer grösseren
Färbküche.

In alten Färbebüchern lesen wir von grossen Kupferkesseln auf offenem Feuer. Nun muss man bedenken, dass früher Eisen, Kupfer, verzinntes Kupfer und Blei die einzigen Metalle waren, aus denen Kochtöpfe hergestellt wurden, und man sich mit ihren guten und schlechten Eigenschaften abfinden musste. Aber Eisen, Kupfer und Zinn sind nicht ohne Einfluss auf den Färbeprozess, und diese Einwirkung ist nicht in jedem Falle willkommen. Es ist also empfehlenswerter, Kochtöpfe verschiedener Grössen aus neutralem Material zu wählen und die Metallwirkung nur dann willentlich und entsprechend dosiert zu erzeugen, wenn sie erwünscht ist. Neutrale Geschirre sind solche aus unverletztem Email, aus Chromstahl, aus feuerfestem Jenaer- oder Pyrexglas, notfalls auch aus Aluminium, das allerdings etwas aufhellt. Benötigt werden weiter:

Holzkellen
Glasstäbe, 10–25 cm lang
Messgläser 0,5 Liter und 1 bis 2 Liter
Stoffsäcke aus Vorhangstoff, durchlässig
Stofftücher zum Ausbreiten der Wolle im Freien
Gummihandschuhe
Gummistiefel
Dezimalwaage, auf 10 g genau
Für Indigofärbungen eine Waage auf 1/10 g genau
Thermometer
Eine, wenn möglich mehrere Kochstellen
Eimer und Zuber in verschiedenen Grössen
Erwünscht wären eine Zentrifuge und ein Bodenablauf

Die Schafwolle

Wenden wir uns zuerst dem Wolleinkauf zu. Ihm müssen wir grosse Aufmerksamkeit schenken, und es bleiben einem Enttäuschungen nicht erspart, bis man die nötige Erfahrung errungen hat. Für die grossen Aufwendungen, die das Pflanzenfärben erheischt, ist nur die allerbeste Wollqualität gut genug. Vor allem kommt nur Wolle vom lebenden Schaf in Frage, die durch alle Prozeduren hindurch ihren Glanz und ihre Elastizität bewahrt, während diejenige vom toten Schaf zusammenfällt und stumpf wird.
Wir suchen nach einer feinen, weichen, langhaarigen Qualität, die auch nicht zu sehr verschmutzt sein soll. In der Schweiz unterscheiden wir im grossen und ganzen vier verschiedene Sorten:
– Die Bündnerwolle, vom weissen Schweizer Alpenschaf. Die Tiere sind im Sommer der Witterung ausgesetzt und suchen hoch oben auf ziemlich mageren Weiden ihr Futter. Das Fell wird sehr dicht, die Wolle ist fein, aber kurz und macht beim Spinnen Mühe, wenn ein weicher, lockerer Faden entstehen soll.

– Die Walliserwolle, vom Schwarznasenschaf, mit langhaarigem Stapel, aber rauh, eignet sich für Teppiche, Wandbehänge usw. Rauhe Wolle nimmt die Farbe nicht so intensiv auf wie eine feine Qualität.

– Die Talschafwolle, vom «weissen Schweizerschaf», das im Mittelland gezogen wird. Die Wolle ist fein, langhaarig, und eignet sich für unsere Arbeit ausgezeichnet.

– Die Wolle vom ostfriesischen Milchschaf, das im gepflegten Stall gehalten wird. Sie ist fein, sauber und langhaarig, besonders wenn nur einmal im Jahr geschoren wird.

In anderen Gegenden muss man sich mit den Schafrassen beschäftigen, die dort gehalten werden, sich orientieren lassen und sich durch Versuche das geeignete Grundmaterial aussuchen. Selten findet man reine Rassen, meist sind die Herden durch mancherlei Kreuzungen gemischt. Genau genommen hat fast jedes Schaf seine besondere Wollqualität.

Am schönsten und erfolgreichsten gestaltet sich der Einkauf, wenn man mit einigen Schafhaltern persönliche Beziehungen anknüpft. Es kann sich daraus ein gegenseitiges Verständnis für die Anliegen des andern entwickeln, das im Laufe der Zeit zu einer engen Zusammenarbeit führen kann. Der Färber benötigt die schöne Rücken- und Flankenwolle, in die sich keine kurzen Haare von einer eventuellen Nachschur der Stoppeln mischen dürfen. Manchmal ist der Schafhalter auch bereit, einige Tiere nur einmal im Jahr zu scheren, so dass sich ein besonders langhaariges Vlies ergibt. Wenn vor der Schur noch eine Rückenwäsche vorgenommen werden kann, erleichtert dies die nachfolgende Wollwäsche ganz wesentlich.

Von den ausländischen Wollen ist die bekannte und berühmte australische Merinowolle für unsere Zwecke zu fein. Am besten eignet sich die neuseeländische Crossbredqualität. Man kann sie allerdings nur in ganzen Ballen einkaufen (etwa 130 bis 200 kg), und es ist auch hier unbedingt nötig, sich den Inhalt bemustern zu lassen, um ganz sicher zu sein, dass die Qualität unseren Anforderungen entspricht. Schottische Wolle von den Hochlandschafen ist sehr langhaarig, aber für unsere Begriffe zu rauh, obwohl an Ort und Stelle, zum Beispiel auch auf den Hebriden, wunderschöne Jacken und Pullover aus dieser Wolle gestrickt und getragen werden. Im Gegensatz dazu ist die Shetlandwolle ausserordentlich fein und die Tönungen der verschiedenen Naturfarben so lebendig und schön, dass es geradezu schade ist, sie noch zu überfärben.

Zusammenfassend ist es für die Hausfärberei wichtig, dass die Wolle von einheitlicher Qualität ist: langhaarig, möglichst nur Rücken- und Flankenwolle, eventuell einjährige Schur, nicht mit kurzer Wolle untermischt, weich und möglichst sauber.

Wird gewaschene Wolle eingekauft, sind die gleichen Qualitätsmerkmale zu beachten, wobei zusätzlich noch berücksichtigt werden soll, dass die Wolle nicht vollständig entfettet wurde. Total entfettete Wolle fühlt sich spröde und trocken an.

Die Wollwäsche

Die Wollwäsche beginnt mit dem *Einweichen* der Flocken in weichem Wasser. Regenwasser ist in jedem Falle ideal. Vielleicht steht See- oder – zum Beispiel im Urgesteinsgebiet – weiches Bachwasser zur Verfügung. Sonst behilft man sich mit Leitungswasser, das dort, wo es besonders hart ist, enthärtet werden muss. Sehr schmutzige Wolle braucht zwei Einweichwasser. Nach etwa zwei Stunden wird sie gut ausgepresst, oder besser in einer Zentrifuge ausgeschwungen, und kommt dann partienweise ins *Waschwasser*, das mit einem wollfreundlichen Waschmittel zubereitet wird.

Grundsätzlich ist zu sagen, dass hier in besonderem Masse an die Wirkungen von Säuren und Laugen zu denken ist. Wenn wir in alten Färbeanleitungen lesen, dass zur Wäsche Urin, Soda und Salmiakgeist verwendet wurden, so waren diese alkalischen Hilfsmittel der Wolle gar nicht zuträglich, und es ist zu bedenken, dass in früheren Zeiten manches aus den damaligen Gegebenheiten heraus geschah.

So wie Urin, Soda und Salmiakgeist durch ihre Alkalität der Wolle nicht zuträglich sind, so birgt Seife, wie sie früher verwendet wurde, die Gefahr in sich, Kalkseife zu bilden, welche die Wolle verfilzt, was nicht mehr gutzumachen ist. Wir greifen deshalb heute zu schonenden, neutralen Wollwaschmitteln, wie wir sie für die zarten Pullover und die Wolleibwäsche verwenden. In diesem Waschwasser wird nun die Flockenwolle handvollweise durchgezogen, und gröbere Schmutzteile, besonders alle Kotklümpchen, werden sorgfältig herausgenommen. (Kleine Verschmutzungen wie Gras, Samen, Tannennadeln usw. können beim anschliessenden Trocknen leicht herausgeschüttelt werden.) Diese Arbeit scheint ganz einfach zu sein. Wird sie aber nicht sachgemäss ausgeführt, kann schon hier viel verdorben werden. Es ist wichtig, dass die Flocken in viel Wasser mit den Händen sanft auseinandergezogen werden, damit die Haare sich parallel legen können, während sie sich beim üblichen Zueinanderarbeiten ineinander verfilzen. Sehr schmutzige Wolle benötigt zwei Waschwasser. Hernach kommen zwei *Spülwasser*, denen etwas Essig beigefügt wird. Mit Vorteil gibt man die Wolle nach jedem Wasch- und Spülprozess in die Zentrifuge. Starkes Auspressen von Hand sollte zur Schonung der Wolle vermieden werden. Schliesslich wird die Wolle an einem luftigen Ort – im Garten, auf einer Laube, unter einem Vordach, ja sogar auf der warmen Ofenbank – fein ausgelegt und möglichst rasch getrocknet. Sie «blüht» dann richtig auf. Der Schwerpunkt liegt bei dieser Prozedur auf «möglichst rasch». Darum dürfen wir auch die warme Ofenbank oder die Sonne zu Hilfe nehmen. Die Wolle darf da natürlich nicht stundenlang «braten», sondern wird, vielleicht schon nach einer Stunde, wieder eingesammelt und in einem Stoffsack aufbewahrt.

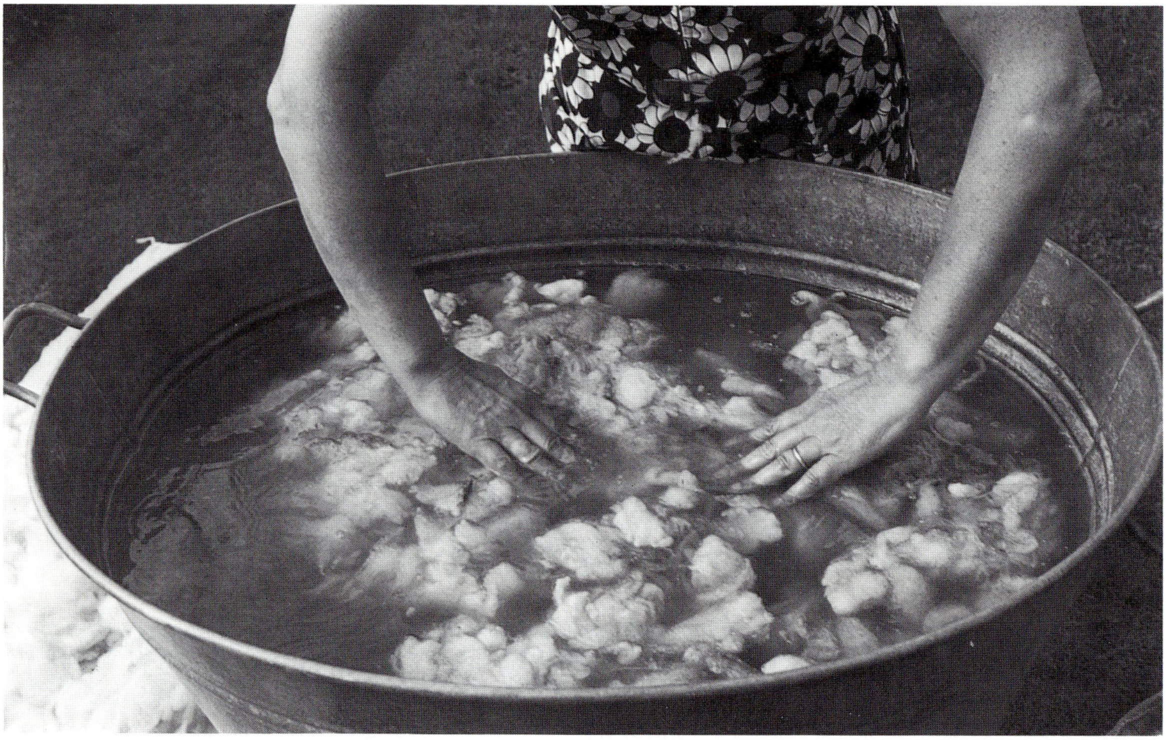

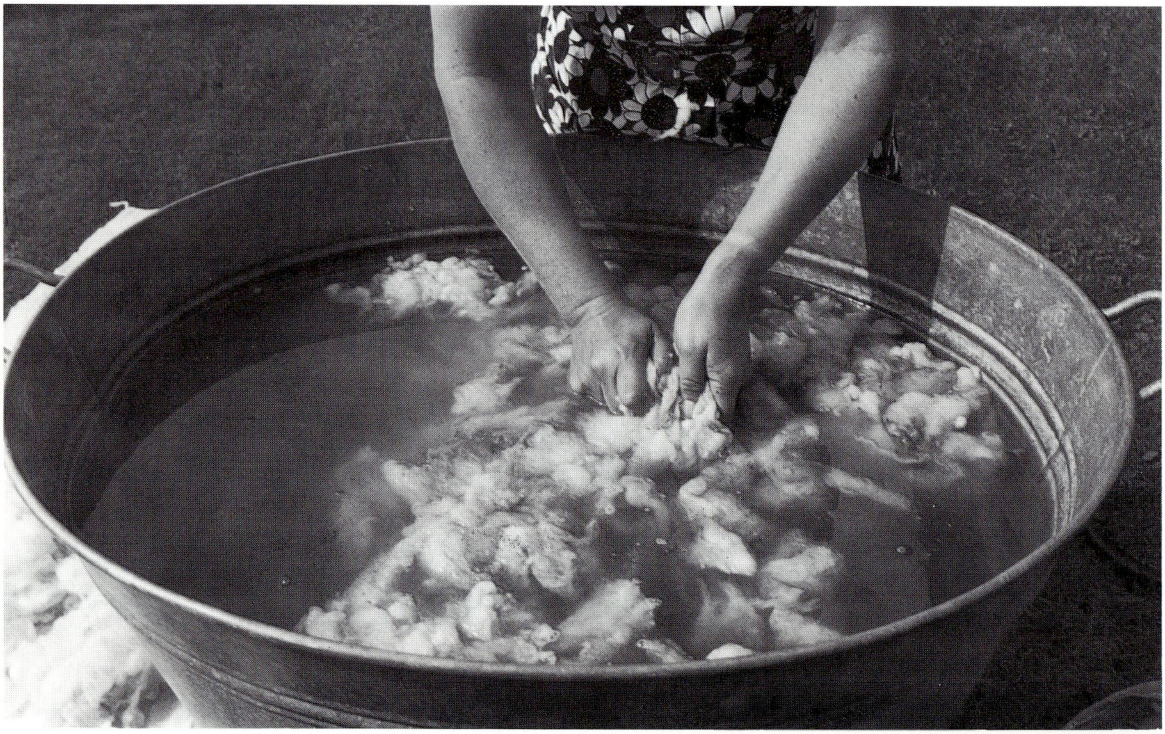

Die sorfältig gewaschene
Rohwolle wird zum
Trocknen ausgebreitet.

Auseinanderziehen – richtig.

Zusammenpressen und
reiben – falsch.

Das Beizen

Die wenigsten Färbepflanzen verbinden sich mit der tierischen Faser so innig, dass eine haltbare, wasch- und lichtechte Farbe entsteht. Die Wolle muss deshalb für die Farbaufnahme erst vorbereitet werden. Diesen Prozess nennt man *beizen*. Ausnahmen bilden Pflanzen, die dank ihres natürlichen Gehalts an Gerbstoff das Aufziehen des Farbstoffes auf die Wolle ohne zusätzliche Hilfe ermöglichen.

Das gebräuchlichste Beizmittel ist der *Alaun*, dessen Verwendung bis in die Anfänge der Färberei nachweisbar ist. Es ist ein Kalium-Aluminium-Doppelsalz, das als Alaunstein (Alunit) abgebaut wird. Ein weiteres Beizmittel ist der *Weinstein*, der sich bei der Entstehung des Weines aus dem Traubensaft an der Fässerwandung absetzt. In gereinigter Form spricht man von Weinsteinrahm. Man verwendet ihn selten allein (Ausnahmen sind die Cochenillefärbungen), sondern in Verbindung mit Alaun, hauptsächlich für Rotfärbungen aus Krapp- und Labkrautwurzeln. Diese Farben gewinnen dadurch an Leuchtkraft. Bei Alaun- und Alaun/Weinsteinbeizen bleibt der Farbton praktisch unverändert, während bei Beizen mit Metallsalzen die anschliessende Färbung zum Teil stark beeinflusst wird. Verwendet werden hauptsächlich Kupfersulfat und Kaliumbichromat. Als pflanzliche Beizen werden Bärlapp und Sauerampfer genannt, die aber auch Farbstoffe abgeben und deshalb keine reinen Färbungen ermöglichen.

Das Beizbad

Man nimmt Wasser im Verhältnis 25 : 1 zur gewaschenen, getrockneten Wolle. Bei kleinen Quantitäten darf man bis zu 40 : 1 gehen, da die Flüssigkeit beim Kochen schneller verdampft.

Beispiel: für 1000 g Wolle   25 Liter Wasser = 1 : 25
           für   500 g Wolle   15 Liter Wasser = 1 : 30
           für   100 g Wolle   4 Liter Wasser = 1 : 40

Durchführung

Die benötigte Wassermenge in einer neutralen Pfanne (z. B. Email) aufsetzen, handwarm werden lassen, das Beizmittel in wenig heissem Wasser auflösen, dem Beizbad zusetzen, gut umrühren und die gewaschene Rohwolle einlegen. Langsam zum Kochen bringen. Von Zeit zu Zeit die Wolle sorgfältig wenden (keine Rührbewegung!), damit sie gleichmässig die Beize aufnehmen kann. Eine Stunde leicht kochen. Anschliessend in der Beizbrühe auskühlen lassen. Herausnehmen, auspressen oder zentrifugieren, ausgebreitet an schattigem Ort trocknen, falls die Wolle nicht gleich zum Färben weiterverwendet wird.

Man kann die Wolle auch feucht in ein Tuch einbinden und einige Tage kühl lagern. Das verstärkt die Wirkung der Beize. Mit Kaliumbichromat gebeizte Wolle muss vor Licht geschützt werden. Für Färbungen mit Krapp- und Labkrautwurzeln, auch für zarte Gelbtöne wird die gebeizte Wolle vor dem Färben noch gut gespült und dann zentrifugiert. Die Färbungen werden dadurch reiner und klarer. *Das Beizbad kann nur einmal gebraucht werden.* Die Benützung von Gummihandschuhen ist zu empfehlen.

Beizmittel

(Alle Prozent-Angaben beziehen sich auf das Trockengewicht der gewaschenen Roh-wolle.)

Alaun
Kaliumaluminiumsulfat
weisses Pulver
$KAl(SO_4)_2 + 12H_2O$

für mittlere Färbungen 15%; stärkere Konzentration vertieft die Farbe, lässt sie aber meist stumpfer erscheinen

Weinstein
Kalium Bitartaricum
weisses Pulver
$KCO_2-(CHOH)_2-CO_2H$

zusammen mit Alaun für Krapp- und Labkraut-färbungen; man nimmt ein Viertel der Alaunmenge; Weinstein allein z. B. bei Cochenillefärbungen

Kaliumbichromat
oranges Pulver
$K_2Cr_2O_7$

2 bis 3%; ist lichtempfindlich; die damit gebeizte Wolle muss in ein Tuch eingebunden werden; Kaliumbichromat bräunt, gibt auch schöne Bronzegelb

Kupfersulfat
blaue Kristalle
$CuSO_4 + 5H_2O$

3% – 6%
für Braun, Braunrot, Grün und Oliv

Die Färbpflanzen

Sie sind die Grundlage unserer Arbeit; sich mit ihnen befassen bedeutet eintauchen in eine vielfältige Welt des Werdens und Vergehens. Dabei erinnere ich mich an den Besuch bei einer Färberin, die ihr Wissen in Kursen weitergeben wollte: Auf dem Tisch standen Säcke aus der Drogerie mit Birkenblättern, Isländisch Moos, Krappwurzel-pulver sowie einigen Chemikalien. Beziehungslos standen sie da, der Inhalt zerkleinert,

Beizmittel und Entwicklungs-
salze.

Drei weitere Beispiele:
Drei Färbstoffe ergeben
durch Anwendung ver-
schiedener Vorbeizen und
Entwicklungsverfahren
25 Nuancen.

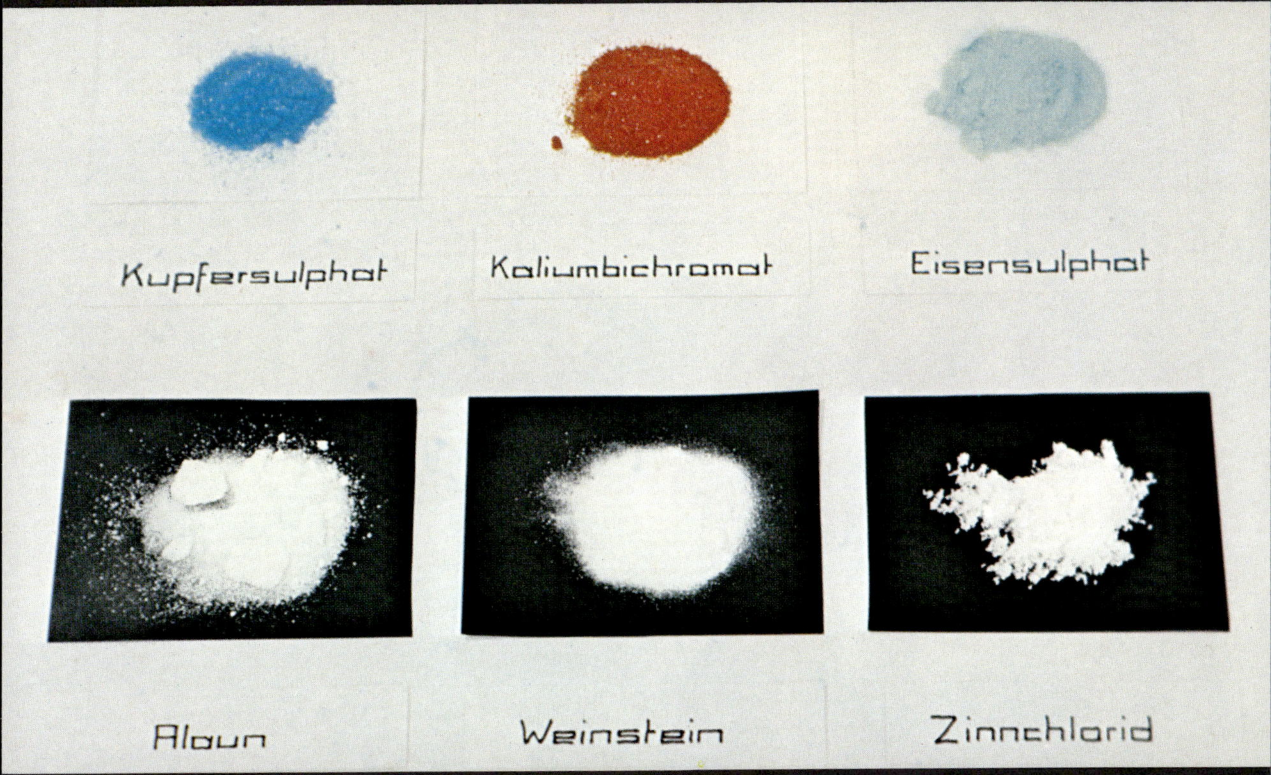

Kupfersulphat

Kaliumbichromat

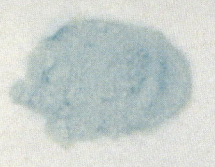

Eisensulphat

Alaun

Weinstein

Zinnchlorid

so dass weder Blatt- noch Flechtenform erkennbar war. Ebenso beziehungslos war die Art, wie das Färben unternommen wurde. Es erschien mir zu einem reinen Fabrikationsprozess degradiert. Vom ganzen Reichtum, den uns die Natur bietet, war nichts mehr zu spüren. Dabei ist ja die vielfältige Pflanzenwelt nicht ein Konstantes, Totes, wie man es von der Mineralwelt eher sagen würde, obwohl auch sie, in den Kristallen zum Beispiel, Werdendes offenbart und in der Verwitterung uns das Vergängliche bewusst macht.

Das bewusste Erleben des Jahreskreislaufes ist dem modernen Menschen des 20. Jahrhunderts fremd geworden. Die gut geheizten Räume lassen ihn die Winterkälte draussen vergessen, das ganze Jahr finden sich auf seinem Tisch Beeren, Früchte und Gemüse in grösster Vielfalt, die, wenn sie nicht im eigenen Land gedeihen oder konserviert werden, aus fremden Ländern stammen. Was wir Menschen der älteren Generation als Erinnerung in uns tragen, die Freude an den Erstlingsfrüchten, die ausgesprochene Erdbeeren- oder Kirschenzeit, die ersten Erbsen, der erste Kopfsalat, ist untergegangen oder hat sich zumindest sehr stark verwischt. Nun gibt uns die Färbertätigkeit neuen Antrieb, uns mit der Natur wieder zu verbinden, denn der Säftestrom, der in ihr waltet, wirkt sich auf die Färbekraft massgeblich aus. Wir erleben den «Weltenschönheitsglanz» im Sommer, das Reifen und Welken im Herbst, erahnen die stillen, unsichtbaren Vorbereitungsprozesse unter der Erde im Winter und begrüssen beglückt das Hervorbrechen der Erneuerungskräfte im Frühling. «Fabian und Sebastian lahn die Säfte gahn» sagt eine alte Bauernregel. Das ist der 20. Januar, und wenn auch die Witterungsumstände, die Mondphase und andere kosmische Einflüsse kleinere Verschiebungen veranlassen mögen, so macht sich um diese Zeit doch die Pflanzenwelt zum Aufbruch und Durchbruch bereit: die Säfte steigen. Der Bast unter der Baumrinde beginnt sich zu bilden. Wir gedulden uns noch einige Wochen, bis er ganz mit neuen Säften durchtränkt ist, und dann ist es Zeit, *Rinden* zu schälen. Wir nehmen sie natürlich nie am stehenden Baum, aber überall dort, wo im Obstgarten und im Wald geschnitten oder wegen Bauvorhaben gefällt wird oder wo ein Frühlingssturm Unheil angerichtet hat. Beim Rindenschälen ist darauf zu achten, dass möglichst wenig Borke, also von der rissigen, durchklüfteten äusseren Rinde, mitkommt und dass anderseits auch nicht zu viel Holz mitgeschält wird. Der Bast ist in dieser Jahreszeit farblich leicht erkennbar, meist als grüne oder gelbe bis orange, weiche Zwischenschicht. Bei den Obstbäumen ist der Übergang vom Stamm zu den grossen Ästen eine günstige Schälstelle. Die Borke ist dort meist noch nicht so stark entwickelt und die Ausbeute reicher als bei den dünneren Ästen. Eine amerikanische Kursteilnehmerin erzählte, wie dieser Säftestrom in ihrer Heimat bei der Gewinnung des Ahornsaftes (maple syrup) eine grosse Rolle spiele. Im Frühjahr, wenn die Sonnenkräfte stärker werden und von aussen den Säftestrom anregen, die Wurzeln aber noch vom Frost umgeben sind, werden die Bäume angebohrt und der Saft fängt an zu rinnen. Sobald der Frost sich auflöst und die Erde erwärmt wird, versiegt der Fluss.

Wenn dann die Säfte höher steigen, kommt die Zeit der *Blätter*, die voll ausgewachsen und saftig grün sein sollen. Es wird meist die Zeit von Juni bis September, also etwa von Johanni bis Michaeli, sein, wobei auch hier Witterung und Standort eine Rolle spielen. Immer kommt an uns die Forderung, beobachtend das Geschehen in der Pflanzenwelt mitzuerleben.

Blütenstauden wie Rainfarn, Goldrute, Färberginster u.a. werden vor der Blüte geschnitten. Eine Ausnahme macht der Wau (Reseda luteola), den man ausreifen lässt, da auch die Samen Färbekraft haben.

Bei *mehrjährigen Sträuchern* wie Heidelbeeren, Erika usw. sammelt man die neuen Triebe. *Flechten* kann man das ganze Jahr suchen. *Blüten* eignen sich nur ausnahmsweise, und dann nur solche, in denen der Farbstoff in Überfülle vorhanden ist (z.B. Tagetes). Auch *Früchte und Beeren* sind für das Färben wenig geeignet. Überall dort, wo sich der Farbstoff schon voll entwickelt und ausgegeben hat, vermag er nicht mehr haltbar und lichtecht auf die Faser aufzuziehen.

Im allgemeinen ist zu sagen, dass fast mit jedem Wiesenkraut mehr oder weniger erfolgreich gefärbt werden kann. Im Laufe der Zeit und mit wachsender Erfahrung schält sich dann eine Anzahl Pflanzen heraus, die wir zu den ausgesprochenen Färbepflanzen zählen können. Es sind solche, die, in vernünftiger Quantität genommen, eine ausgesprochen haltbare, wasch- und lichtechte Farbe abgeben. Wenn von «vernünftiger Quantität» die Rede ist, so spielt hier auch der Gesichtspunkt des Pflanzenschutzes eine Rolle. Ich erinnere mich dabei an eine Biologin in einem meiner Kurse, die eine Flechte in Händen hielt und sagte: «40 Jahre». So lange brauchte diese Flechte, um sich auf diese Grösse zu entwickeln. Und ich denke an die Lehrerfamilie, die mit Begeisterung Färberflechten sammelte in der Annahme, im nächsten Jahr am gleichen Ort solche wieder zu finden. Überrascht und beunruhigt musste sie feststellen, dass dies nicht der Fall war.

In meinem Pflanzenkeller sind über einhundert einheimische Färbepflanzen ausgestellt. Viele davon dürfen wir zu den Unkräutern rechnen, die noch heute üppig wuchern. Trotzdem sollten wir nicht unvernünftig eine Gegend «abgrasen». Die Mitverantwortung an der Bewahrung unserer einheimischen Pflanzenwelt muss uns stets gegenwärtig sein. Die Zeiten sind längst vorbei, da der Mensch von der Natur nur genommen hat. Mit der Entwicklung der Kultur hat er gelernt, Pflanzen anzubauen und weiterzuzüchten. Aus Wildfrüchten entstanden unsere Obstbaumkulturen, Heilkräuter wurden und werden in Kloster- und Hausgärten kultiviert, Gewürz- und Duftstoffspender im kleinen und grossen angebaut. So sollte auch der Färber sich überlegen, was im Haus-, Heim-, Schulgarten oder auf dem Felde gepflanzt werden könnte. Beim Selberpflanzen rückt der

Die gesammelten Pflanzen-
teile werden sorgfältig
getrocknet und ange-
schrieben.

Mensch näher an die Geheimnisse heran, die mit dem Pflanzenwachstum verbunden sind.

Die meisten Färbepflanzen können frisch oder getrocknet verwendet werden. Man braucht von den frischen ungefähr das zwei- bis dreifache Quantum. Will man die Pflanzen trocknen, so sollte dies an einem luftigen, schattigen Ort geschehen. Man kann sie in kleinen Bündeln auf dem Estrich, auf einer Laube oder unter einem Vordach aufhängen oder auf dem Boden locker ausbreiten. Wichtig ist, dass die Pflanzenteile *rasch* trocknen und sich dabei nicht verfärben. Blätter sollten grün bleiben, die grünen Nuss- und Kastanienschalen dürfen sich nicht braun verfärben. Man kann letztere auch in einer Dörranlage sorgfältig dosiert trocknen.

Die einheimischen Pflanzen beschenken uns vor allem mit einer Vielfalt von warmen

Gelb, Orange, Linden- und Moosgrün, Braun und Rot. Man kann sogar sagen, dass jede Gegend ihre eigene Farbensymphonie hat. Ich denke hier an eine bestimmte Gegend im Prättigau in Graubünden, wo Birkenblätter, Birkenrinde, Erlenblätter, Isländisch Moos, Rentierflechte, Heidelbeerstauden und Astflechten gedeihen. Färbt man nun ausschliesslich mit diesen Pflanzen, so scheint sich in den erhaltenen Farben jene Gegend wiederzuspiegeln, nicht ausgeprägt in der Tönung, sondern im Zusammenklang, in der Nuancierung.

Noch viel ausgeprägter empfinden wir dieses Erlebnis bei ausländischen Färbpflanzen. Sie bringen einen ganz neuen, uns fremden Einschlag in die einheimische Farbskala. Wir begrüssen sie als freundliche Gäste, die uns oft aber auch Probleme machen. So sind fast alle ausländischen Farbhölzer, also Blau-, Gelb- und Rotholz, auch Sandelholz, Querzitron und Kurkuma, wenig lichtecht. Beim Blauholz lässt in bestimmter Konzentration auch die Reibechtheit sehr zu wünschen übrig.

Am Schlusse des Buches ist eine ausführliche Liste von Färbepflanzen angefügt. Schon beim Lesen der botanischen Namen fällt da und dort die Bezeichnung «tinctoria» auf. Es handelt sich hier immer um eine typische Färbepflanze. Ich möchte hier einige charakteristische Beispiele anführen und dabei gleichzeitig auf einige Phänomene hinweisen, die zu ähnlichen weiteren Beobachtungen ermuntern sollen.

Flechten
gelbe Lärchenflechte
Sie wächst in kleinen Büscheln auf der Wetterseite der Lärchen, spärlicher auch auf Arven. Färbt schwefelgelb. Siehe Rezept Nr. 81.
Steinschüsselflechte
Sie ist nur auf Granit zu finden und wird am besten nach einem Regen abgeschabt. Siehe Rezept Nr. 121.

Rinden
Apfelbaumrinde
Sie färbt kräftig gelb, im Gegensatz zu Birnbaumrinde, die nur eine zarte Farbe gibt, obwohl die Birne ja auch eine Kernobstart ist. Denkt man an den kräftigen Apfel im Vergleich zur saftigen Birne, so erklärt sich auch der Unterschied in der Färbekraft. Siehe Rezept Nr. 5.
Birkenrinde
Sie gibt ein zartes, lichtes Rotbraun. Die Farbe entspricht ganz der Charakteristik, die über die Birke einmal so ausgesprochen wurde, dass sie «schwach wurzelt und viel Licht trinkt» (J. Hemleben). Rezept Nr. 20.

Stauden
Goldrute
Sie färbt bronzebraun. Die erste Nachfarbe neigt stark zu Grün, die zweite Nachfarbe wird gelb. Man kann hier gut beobachten, wie unterschiedlich sich die einzelnen Farbstoffe in dieser Pflanze verhalten. Siehe Rezepte Nr. 53–55. Rainfarn und Färberginster gehören auch in diese Kategorie.

Blätter
Birkenblätter
Sie geben klares Gelb. Siehe Rezept Nr. 17.
Blutpflaumenblätter
Die rötlichen Blätter geben ein schönes Grün. Rezept Nr. 24.

Wurzeln
Krappwurzeln
Die Wurzeln werden im dritten Jahr geerntet, ein Jahr lang getrocknet und dann fein geschnetzelt oder, noch besser, gemahlen. Bei 75°C gehalten, ergibt die Färbung ein klares Rot. Höhere Temperaturen lösen die Braunfarbstoffe, so dass die Tönung einen Braunstich bekommt. Siehe Rezepte Nr. 76–79.
Labkrautwurzeln
Im Wuchs ähnlich dem Krapp, nur zarter. Enthält auch ziemlich viel Gelbfarbstoff, so dass das Rot mehr zum Orange neigt. Siehe Rezept Nr. 80.

Blüten
Tagetes
Man nimmt nur die Blütenblätter. Stufenfärbung unbedingt zu empfehlen, um die Lichtechtheit zu fördern. Siehe Rezepte Nr. 122–124. Sonnenblumenblütenblätter werden auf die gleiche Weise verwendet.

Schalen
grüne Schalen der Walnuss
Man sollte sie nicht an der Luft braun werden lassen. Das Braun sollte sich erst beim Färbprozess auf der Faser entwickeln. Es entsteht auf diese Weise ein schönes, solides Braun. Kann auch als Kaltfärbung benützt werden. Siehe Rezept Nr. 132. Schalen, die nicht sofort verwendet werden können, lassen sich einige Zeit unter Wasser aufbewahren. Man kann sie aber auch in einer Dörranlage trocknen. Das muss jedoch ziemlich rasch geschehen, damit sie grün bleiben.

Das Färben

Wir unterscheiden im allgemeinen sechs verschieden Färbeverfahren:

  I. Direktziehende Färbungen
 II. Färbungen auf Vorbeize
III. Einbadfärbungen
IV. Stufenfärbung
 V. Entwicklungsverfahren
VI. Kaltfärbung

Diese verschiedenen Methoden sollen nachstehend einzeln beschrieben werden. Vorweg seien einige allgemeine Hinweise gegeben.

Wenn man sich im Laufe der Zeit einen gültigen Erfahrungsschatz aneignen will, sind die wichtigsten Hilfsmittel der Notizblock und der Schreibstift. Man sollte sich nie auf sein Gedächtnis verlassen, denn in der Vielheit der Prozesse werden Massverhältnisse unweigerlich vergessen. Es ist eine gute Angewohnheit, alle Pfannen, Eimer und sonstigen Gefässe mit Etiketten zu versehen, die über den Inhalt genau Auskunft geben. Alle Säcke mit ausgekochtem und abgepresstem Färbmaterial sollten angeschrieben werden, damit nichts herumsteht, über das man nicht genau Bescheid weiss.

Wie schon in der Einleitung erwähnt, genügt es nicht, irgend eine Teeabkochung zu machen. Qualitativ gute Färbungen erhält man nur durch das Einhalten bewährter Mengenverhältnisse. Bevor man eine Färbung beginnt, legt man sich ein Rezeptformular oder den Notizblock bereit, wo alles genau aufgeschrieben wird, was mit dem Färbmaterial und der Wolle geschieht. Je genauer diese Eintragungen sind, desto schneller verfügt man über Erfahrungsgrundlagen. Es gibt zum Beispiel Pflanzenfarben, die in schwacher Dosierung nicht lichtecht, in zu starker Dosierung aber nicht waschecht sind. Es kann umgekehrt auch der Fall sein, dass gerade eine zarte Farbe ausserordentlich licht- und waschecht ist, in stärkerer Konzentration aber unbeständig wird.

Wolle ist ein empfindliches Material und muss entsprechend sorgfältig gehandhabt werden. Man vermeide vor allem Schockwirkungen und gebe die Flocken immer in handwarmes Wasser, das langsam aufgeheizt wird. Auf ein heisses Beiz- oder Färbbad folgt ein heisses Spülwasser, das allmählich abgekühlt wird. Um das gleichmässige Aufziehen der Farbe zu begünstigen, muss trockene Wolle vor dem Färben stets angefeuchtet werden.

Rezept Nr. *3*

1. **Färbstoff:** *Amerik. Schwarznuss* % *400%* [*3kg*]
   Behandlung: *grüne Schalen 3 Wochen eingeweicht, 1 Std. aus-*
2. Wolle: *750* g   Qualität: *einheimische [Hr. Wolf]*   *gekocht*
3. Pfanne: *verzinkt m/ Kupfer-* Flotte: *18 lt.*
                        boden
4. Kochzeit: *1 Stunde*
5. B e i z e :

   Vorbeize: ——

   Zusatz zur Flotte: *Schalen im Sack*

   Entwicklung: ——

Bemerkungen:

I Direktziehende Färbung

Schalen v. Arboretum

Erna Bächi-Nussbaumer
Heliosstr. 18, 8032 Zürich

Rezept Nr. *5*

1. **Färbstoff:** *Apfelbaumrinde* % *100* (*1kg*)
   Behandlung: *3 Stunden ausgekocht*
2. Wolle: *1kg* g   Qualität: *Neuseeland [SV]*
3. Pfanne: *Email*   Flotte: *25 lt.*
4. Kochzeit: *1 Stunde*
5. B e i z e :

   Vorbeize: *15% Alaun*

   Zusatz zur Flotte: *alle Rinden im Sack*

   Entwicklung: ....

Bemerkungen:

II Färbung auf Vorbeize

Rinde vom Zollikerberg

Erna Bächi-Nussbaumer
Heliosstr. 18, 8032 Zürich

44

Rezept Nr. _5a_

1. **Färbstoff:** _Apfelbaumrinde_ %
   Behandlung: ....
2. **Wolle:** _800_ g   Qualität: ....
3. **Pfanne:** _Email_   Flotte: _2 Lt. Nr. 5 (Restflotte)_
4. **Kochzeit:** _1 Stunde_
5. **B e i z e :**

   Vorbeize: _15% Alaun_
   Zusatz zur Flotte: _Rindensack_
   Entwicklung: ....

Bemerkungen:

Nachfärbung aus
Färbflotte Nr. 5

Erna Bächi-Nussbaumer
Heliosstr.18, 8032 Zürich

Rezept Nr. _17_

1. **Färbstoff:** _Birkenblätter, getrocknet_% _200 (2 kg)_
   Behandlung: _1 Std. ausgekocht_
2. **Wolle:** _1 kg_ g   Qualität: _inländisch (DNZ)_
3. **Pfanne:** _Email_   Flotte: _25 Lt._
4. **Kochzeit:** _1 Stunde, in der Flotte ausgekühlt_
5. **B e i z e :**

   Vorbeize: ....
   Zusatz zur Flotte: _12% Alaun, Blättersack_
   Entwicklung: ....

Bemerkungen:
   III Einbadfärbung

   Blätter von Uster, August

Erna Bächi-Nussbaumer
Heliosstr.18, 8032 Zürich

Rezept Nr. _25_

1. **Färbstoff:** *Brombeerblätter, getrocknet* % 200% [800 g]
   Behandlung: *1½ Std. ausgekocht*
2. Wolle: *400* g   Qualität: *inländisch (Frau Gut)*
3. Pfanne: *verzinkt*   Flotte: *12 Lt.*
4. Kochzeit: *1 Stunde*
5. B e i z e :
   Vorbeize: *15% Alaun*
   Zusatz zur Flotte: *1/3 der Blätter im Sack*
   Entwicklung: *nach 1 Std. mit 2% Eisensulfat, 20 Minuten*

_____

Bemerkungen:
IV Entwicklungsverfahren
Blätter v. Frau Hauser, Juni

Erna Bächi-Nussbaumer
Heliosstr.18, 8032 Zürich

Rezept Nr. _132_

1. **Färbstoff:** *Nussschalen, frisch, grün* % 800 (8 kg)
   Behandlung: *2 Tage im Steinguttopf im kalten Wasser eingelegt*
2. Wolle: *1 kg* g   Qualität: *inländisch [Hr. Heiti]*
3. Pfanne: *Steinguttopf*   Flotte: *22 Lt.*
4. Kochzeit: —
5. B e i z e :
   Vorbeize: —
   ~~Zusatz zur Flotte~~ *Wolle + Schalen lagenweise einge-*
   ~~Entwicklung~~ *schichtet, Einweichwasser darüber-*
   gegossen, 36 Std. stehengelassen

Bemerkungen:
VI Kaltfärbung
Schalen v. H. Hofstetter

Erna Bächi-Nussbaumer
Heliosstr.18, 8032 Zürich

Rezept Nr. *144*

1. **Färbstoff:** *Zwiebelschalen* % *100 %* [650g]
   Behandlung: *1 Std. ausgekocht*
2. Wolle: *650* g   Qualität: *Neuseeland [SV]*
3. Pfanne: *Email*   Flotte: *18 Lt.*
4. Kochzeit: *½ Std, 3 Std im Freien ausgelegt, noch ½ Std.*
5. **B e i z e :**
   Vorbeize: *3% Kaliumbichromat*
   Zusatz zur Flotte: *Hälfte der Schalen im Sack*
   Entwicklung: ....

Bemerkungen:
V̱ Stufenfärbung

Es regnete !

Erna Bächi-Nussbaumer
Heliosstr.18, 8032 Zürich

Rezept Nr. *144a*

1. **Färbstoff:** *Zwiebelschalen* %
   Behandlung:
2. Wolle: *430* g   Qualität: *Neuseeland [SV]*
3. Pfanne: *Email*   Flotte: *13 Lt. Nr. 144 (Restflotte)*
4. Kochzeit: *½ Std, über Nacht im Freien, noch ½ Std.*
5. **B e i z e :**
   Vorbeize: *3% Kaliumbichromat*
   Zusatz zur Flotte: *2. Hälfte der Schalen im Sack*
   Entwicklung: ....

Bemerkungen:
Nachfärbung aus Restflotte Nr. 144

Erna Bächi-Nussbaumer
Heliosstr.18, 8032 Zürich

Vorbereitungen

Die Pflanzen nach Rezeptvorschrift abwägen, möglichst gut zerkleinern, harte Teile (z. B. Wurzeln, Rinden, verholzte Stauden) einige Stunden oder über Nacht einweichen, im Einweichwasser auskochen:

Blüten   30 Minuten

Zwiebelschalen, Blätter   1 Stunde

Flechten, Stauden   2 Stunden

Rinden   3 Stunden

So viel Wasser nehmen, dass die Pflanzenteile auch nach dem Auskochen noch immer mit Wasser bedeckt sind. Dann durch ein Sieb oder einen porösen Stoffsack abseihen. Den Absud mit frischem Wasser auf das im Rezept vorgeschriebene Quantum Färbbrühe ergänzen. Man spricht dann von der *Färbflotte*.

Die ausgekochten, gut ausgepressten Pflanzenteile im Stoffsack mit Etikette versehen aufbewahren.

Die Färbflotte wird auf die gleiche Weise berechnet wie das Beizbad, d. h. wir benötigen im Verhältnis zur gewaschenen, trockenen Wolle für

1000 g Wolle 25 Liter Färbflotte = 1 : 25

 500 g Wolle 15 Liter Färbflotte = 1 : 30

 100 g Wolle 4 Liter Färbflotte = 1 : 40

Das Färben

Die Färbflotte auf handwarm erwärmen, die gut angefeuchtete Wolle eintauchen, langsam zum Kochen bringen. Einen Teil der ausgekochten Pflanzenteile eingebunden mitkochen. Bei einer eventuellen Nachfärbung die Pflanzenteile auswechseln. Von Zeit zu Zeit mit einer Holzkelle wenden (keine Rührbewegung!). Eine Stunde leicht kochen lassen.

Selbst wenn z. B. Rinden drei Stunden ausgekocht wurden, ist in ihnen noch etwas Färbkraft enthalten, so dass wir, wenn der Platz in der Färbepfanne es erlaubt, von den Pflanzenteilen noch etwas mitkochen lassen. Die mit grosser Mühe gesammelten Färbpflanzen sollen bis zum letzten ausgenützt werden. Die meisten Färbungen sind nach einer Stunde Kochzeit abgeschlossen. Manchmal kann die Restflotte noch für eine Nachfärbung benützt werden. In seltenen Fällen sind sogar zwei oder drei Nachfärbungen möglich.

Bei Färbflotten, die ohnehin nur für eine einzige Färbung gebraucht werden können, lässt man die Wolle zum Auskühlen im Färbbade liegen, damit die Färbkraft ganz ausgenützt wird. Sind *Nachfarben* vorgesehen, nimmt man die Wolle aus der heissen Färbflotte, presst gut ab und gibt sie in ein heisses Ausflottwasser. Die Restbrühe, die ja durch das Verdampfen während des Färbprozesses kleiner geworden ist, wird abgemessen, und der kleineren Menge entsprechend geht man mit etwas weniger neuer Wolle ein, die je nach Rezept roh oder vorgebeizt ist.

Nachbehandlung

Die gefärbte Wolle in reichlich Wasser geben, damit die überschüssige Färbbrühe auslaufen kann (ausflotten). Kommt die Wolle aus der heissen Färbflotte, soll dieses Ausflottwasser heiss, sonst immer handwarm sein. Dann wird gut zentrifugiert oder abgepresst. Es folgt ein handwarmes Waschwasser, mit einem wollfreundlichen Waschmittel zubereitet. Die Wolle darin sorgfältig durchziehen, mit auseinandergehenden Bewegungen (nicht zusammendrücken!), damit die Flocken schwimmen und sich erholen können. Es folgen mehrere Spülwasser, zunehmend kühler, bis lauwarm. Das letzte Spülwasser muss vollständig klar sein. Da im Wasser immer feine gefärbte Wollfasern schwimmen, die eine Färbung des Wassers vortäuschen, nimmt man ein durchsichtiges Glas zur Prüfung zu Hilfe. Um eventuelle Alkalität zu neutralisieren, wird den Spülbädern mit Vorteil stets etwas Essig beigefügt. Die Spülprozedur wird verkürzt und erleichtert, wenn nach jedem Spülwasser die Wolle in der Zentrifuge ausgeschwungen wird. Schliesslich wird sie auf einem Tuch luftig ausgebreitet und rasch getrocknet.

Es gibt Färbungen, bei denen man mit zwei Spülwassern bereits am Ziele ist, während andere lange «bluten» und fünf bis sechs Spülwasser benötigen. Man darf nicht ermüden, da hier der Grund für die spätere Waschechtheit gelegt wird.

Das Färben ist mir wohlgeraten,
Ich seh nicht den geringsten Schaden;
Darüber ich mich herzlich freu!
Ich denk, ich sag es ohne Scheu,
Dass ich damit werd wohl bestehen.
Gott lass es weiter glücklich gehen!

(Abraham a Santa Clara, 1644–1709)

Die gefärbte Wolle wird
zum Trocknen ausgebreitet.

Aus der praktischen Arbeit:
a. Die ausgekochten Pflanzenteile werden in einen
Stoffsack geleert
b. und gut ausgepresst.
c. Die gefärbte Wolle wird
aus
d. der heissen Flotte herausgenommen.

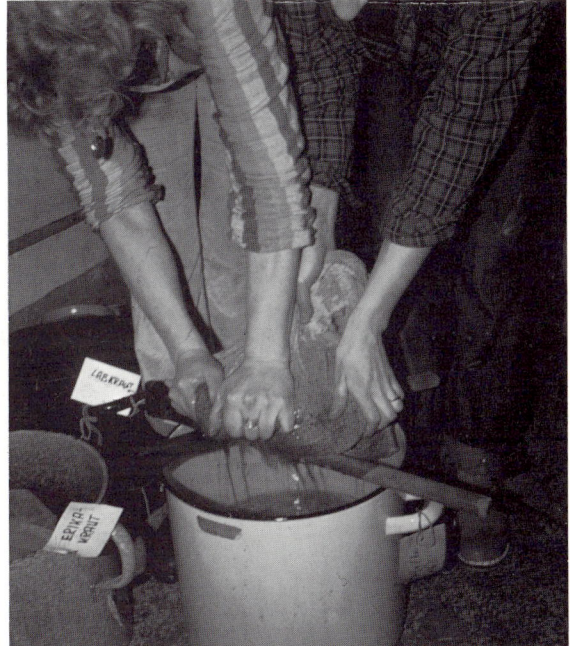

e. Der Inhalt jedes Topfes
und jedes Stoffsackes
ist auf der Etikette klar
ersichtlich.

Die verschiedenen Färbeverfahren

(Alle Prozent-Angaben beziehen sich auf das Gewicht der gewaschenen, trockenen Wolle.)

I Die direktziehenden Färbungen mit ungebeizter Rohwolle
Die Pflanzenteile nach Rezept im Verhältnis zur Wolle berechnen, zerkleinern, einweichen, auskochen, auspressen, den Absud messen und im richtigen Verhältnis zur Wolle mit Wasser ergänzen. Die angefeuchtete *Rohwolle* in die handwarme Färbflotte eingeben, langsam zum Kochen bringen und mindestens eine Stunde kochend färben.

Beispiel
750 g gewaschene trockene Wolle
3 kg (400%) Amerikanische Schwarznuss (grüne Schalen), 3 Wochen im kalten Wasser eingelegt, 1 Stunde auskochen, auspressen
Absud auf 18 Liter ergänzen = Färbflotte
angefeuchtete Rohwolle eingeben
Färbzeit: 1 Stunde kochen
ausflotten, waschen, klarspülen

II Die Färbungen auf Vorbeize
Verfahren wie oben, nur wird statt Rohwolle die *vorgebeizte Wolle* ins Färbbad gegeben.

Beispiel
1 kg Rohwolle mit 150 g (15%) Alaun 1 Stunde beizen
1 kg (100%) Apfelbaumrinde 3 Stunden auskochen, abpressen
Absud auf 25 Liter ergänzen = Färbflotte
gebeizte Wolle anfeuchten und eingeben
Färbzeit: 1 Stunde kochen
ausflotten, waschen, klarspülen

III Die Einbadfärbungen
Es gibt einige wenige Pflanzen, bei denen der Beiz- und Färbeprozess vereinigt werden kann. Anstatt die Wolle vorzubeizen, gibt man das Beizmittel direkt ins Färbbad, rührt gut um und geht dann mit Rohwolle ein. Das ist vor allem dort möglich, wo sich die Farbstoffe eher langsam lösen und so dem Beizmittel erlauben, sich vorgängig genügend fest mit der Wollfaser zu verbinden, bis dann im weiteren Verlaufe Beiz- und Färbstoff

noch gemeinsam auf die Wolle aufziehen. Mit diesem vereinfachten Verfahren werden im allgemeinen weniger klare und beständige Farben erzielt, so dass wir eher davon abraten.

Beispiel
1 kg gewaschene trockene Rohwolle
2 kg (200%) Birkenblätter, 1 Stunde auskochen, auspressen
Absud auf 25 Liter ergänzen = Färbflotte
120 g (12%) Alaun auflösen, der Flotte beifügen, umrühren
angefeuchtete Rohwolle eingeben
Färbzeit: 1 Stunde kochen
ausflotten, waschen, spülen

IV Das Entwicklungsverfahren (die Wolle nach Verfahren I, II oder III färben, den erhaltenen Farbton mit einem Metallsalz verändern).
Man nimmt von der nach Verfahren I, II oder III gefärbten Wolle eine Musterflocke heraus, um nach Abschluss der Entwicklung eine Vergleichsmöglichkeit zu haben. Die nach Rezept erforderliche Menge des Entwicklungssalzes in einem Schöpfer mit heisser Färbflotte auflösen (ausgenommen Zinnchlorid, das kalt aufgelöst wird), die Wolle mit einer Holzkelle zurückziehen, den Inhalt des Schöpfers zugeben, gut umrühren, Wolle wieder eintauchen und 20 Minuten weiterkochen. Man beginnt, besonders bei Eisensulfat und Zinnchlorid, mit möglichst kleinen Quantitäten – bei Zinnchlorid 0,5%, bei Eisensulfat 1% – und beobachtet die Wirkung. Will man diese verstärken, so kann man nach einer Viertelstunde nochmals etwas Metallsalz aufgelöst beifügen und weitere 10 Minuten kochen lassen. Man mache auch den Versuch, nach der ersten Viertelstunde die Wolle ungewaschen der Luft auszusetzen und die Wirkung des Sauerstoffes abzuwarten, der bei Eisensulfat oft die Entwicklung vertiefen hilft, so dass man mit einer kleineren Dosis auskommt.

Beispiel
400 g gewaschene trockene Rohwolle mit 60 g (15%) Alaun vorbeizen
800 g (200%) getrocknete Brombeerblätter 1 Stunde auskochen, auspressen
Absud auf 12 Liter ergänzen = Färbflotte
gebeizte, angefeuchtete Wolle eingeben
Färbzeit: 1 Stunde kochen
eine Musterflocke herausnehmen

Beispiel einiger Variationen aus einem einzigen Farbstoff. Grundmaterial: 100% Apfelbaumrinde. Links die Färbungen mit vier verschiedenen Vorbeizen, rechts die Entwicklungen mit 4% Eisensulfat.

2% Eisensulfat mit etwas Färbflotte auflösen, Wolle zurücknehmen, Eisensulfat beifügen, umrühren, Wolle untertauchen
20 Minuten weiterkochen, Farbton mit Musterflocke vergleichen
ausflotten, waschen, klarspülen

V Die Stufenfärbung (um die Lichtechtheit zu verbessern)
Nach Verfahren I, II oder III eine halbe Stunde färben = 1. Stufe. Wolle aus der heissen Flotte herausnehmen, gut abdrücken, ungewaschen möglichst locker ausgebreitet an die Luft legen. Im Winter auch auf dem Schnee, im Sommer am Halbschatten. Nach 2 bis 3 Stunden Wolle einsammeln, im gleichen Färbbade eine weitere halbe Stunde färben = 2. Stufe. Das Auslegen an der Luft wiederholen, dann ausflotten, waschen, klarspülen. Es kann bei sehr lichtempfindlichen Farben in drei, ja sogar in vier Stufen gefärbt werden, wobei hier die einzelnen Kochzeiten auf je 20 Minuten reduziert werden sollten.

Beispiel
650 g gewaschene trockene Rohwolle mit 13 g (2%) Kaliumbichromat 1 Stunde beizen
650 g (100%) Zwiebelschalen 1 Stunde auskochen, auspressen
Absud auf 18 Liter ergänzen = Färbflotte
gebeizte angefeuchtete Wolle eingeben
Färbzeit: 30 Minuten kochen = 1. Stufe
Wolle aus der heissen Färbflotte herausnehmen, gut abpressen, auf einem Tuch an der Luft 2 bis 3 Stunden ausbreiten
wieder einsammeln, im gleichen Färbbade eine weitere halbe Stunde kochend färben = 2. Stufe
wieder herausnehmen und für 2 bis 3 Stunden auslegen, einsammeln, ausflotten, waschen und klarspülen

VI Die Kaltfärbung
Diese hat sich vor allem bei den grünen Walnussschalen bewährt.

Beispiel
8 kg (800%) frische grüne Walnussschalen
in einen Steinguttopf füllen, mit kaltem Wasser bedecken, zugedeckt zwei Tage stehen-lassen. Inhalt in ein Gefäss umschütten und lagenweise 1 kg Rohwolle mit den Schalen

wieder einfüllen. Zuletzt das Einweichwasser darübergiessen. Diese Mischung weitere 24 Stunden zugedeckt stehenlassen. Dann Wolle und Schalen trennen, die gefärbte Wolle einige Stunden an der Luft ausbreiten, dann ausflotten, waschen und klarspülen.
Das Nussschalen-Einweichwasser kann noch für kochende Färbungen weiterverwendet werden.

Mischungen und Überfärbungen

«Das Mischen, Sudlen und Manschen ist dem Menschen angeboren, schwankendes Tasten und Suchen sind seine Lust» (Goethe).

Das Mischen von frischen oder restlichen Färbflotten ist ein überraschungsreiches Spiel und die Resultate sind mehr oder weniger dem Zufall überlassen. Qualitativ lassen allerdings diese Farben manchmal zu wünschen übrig, und es ist unerlässlich, vor der Weiterverwendung Lichtproben zu machen (siehe nächster Abschnitt).
Gezielter können wir arbeiten, wenn die Wolle zuerst eine Grundfarbe erhält und dann in einem zweiten Bade überfärbt wird. Für erfolgreiches Arbeiten seien einige Hinweise gegeben.
Grün erhält man durch Überfärben von *Blau mit Gelb* (siehe Indigofärbungen, Seiten 71ff.). Hier ist daran zu denken, dass die blaue Wolle nicht gebeizt ist. Falls der gelbe Farbstoff eine Vorbeize verlangt, muss die blaue Wolle erst dieser Vorbehandlung unterzogen werden, wie wenn es Rohwolle wäre. Wird umgekehrt verfahren, also *Gelb mit Blau* überfärbt, so sollte die gelbe Wolle nur in klarem Wasser – *ohne Essigzugabe* – gespült werden, da sonst die abgesäuerte Wolle das alkalische Küpenbad ungünstig beeinflusst.
Orange entsteht aus Gelb und Rot. Ein sehr schönes Resultat ergibt zum Beispiel mit Apfelbaumrinde grundierte Wolle, die mit einem Krappwurzelbad überfärbt wird.
Die Erfahrung lehrt, dass eine nicht lichtechte Grundfarbe durch Überfärbung mit einer beständigen Farbe nicht an Lichtechtheit gewinnt.

Qualitätsproben

Es ist ratsam, bis man sich genügend Erfahrung angeeignet hat, nach Abschluss der Färbeprozesse die gewonnenen Farben auf ihre Beständigkeit zu prüfen. Man gewinnt dabei tiefere Einsichten in die Qualität der verschiedenen Färbpflanzen und erspart sich auch Enttäuschungen bei der Weiterverarbeitung. Wichtige Kriterien für die Beständigkeit einer Farbe sind Waschechtheit, Lichtbeständigkeit und Reibfestigkeit.

Waschechtheit
Werden die Spülprozesse getreulich und geduldig durchgeführt, so sollten sich in bezug auf die Waschechtheit im allgemeinen keine Probleme stellen. Zur Probe wird eine getrocknete, gefärbte Flocke von Hand fein gezupft und daraus ein Faden gedreht oder gesponnen. Dieser wird mit einem weissen Faden aus Rohwolle verzwirnt oder es werden aus beiden Materialien abwechslungsweise ein paar Nadeln gestrickt. Diese Faden- oder Strickprobe wird nun kalt oder lauwarm mit einem Feinwaschmittel gewaschen, wie man es üblicherweise mit einem zarten Wollgestrick tun würde. Sofern die weisse Wolle keine Spur des farbigen Fadens annimmt, darf die Färbung als waschecht bezeichnet werden.

Die Lichtechtheit
Von jeder der gefärbten Wollen wird eine Flocke gezupft und versponnen. Die Fäden werden auf einen breiten Kartonstreifen gewickelt und angeschrieben. Dann wird ein schmaler Streifen, der die Wolle zur Hälfte abdeckt, darüber geheftet. Die so vorbereiteten Proben werden nun dem direkten Sonnenlicht ausgesetzt. Frühestens nach einer Woche wird der Abdeckstreifen entfernt, denn die Erfahrung zeigt, dass sich die wichtigsten Veränderungen innerhalb der ersten Tage vollziehen. Was nachher noch geschieht, ist höchstens eine bescheidene Weiterentwicklung des bereits vollzogenen Prozesses. Der Farbunterschied zwischen dem besonnten und dem ursprünglich abgedeckten Streifen gibt Auskunft über die Lichtechtheit der betreffenden Farben. Praktisch unbeeinflussbar sind Indigoblau und Cochenillerot. Auch die Krappfarben sind sehr beständig, und ebenso erfreulich ist es mit einer ganzen Reihe der Braun-, Grün- und Grautöne. Am verwandlungsfreudigsten sind die Gelb. Die einen neigen zum Verblassen, andere zum Vertiefen. Aus dem Mattgelb der Astflechte zum Beispiel entwickelt sich ein Goldton. Flieht eine Farbe ungewöhnlich stark, so ist dies eine Ermutigung, sie in anderer Konzentration oder als Stufenfärbung neu zu probieren. Im Laufe langer Jahre können wir aus der Gestalt einer Pflanze oder aus ihrem Duft erahnen, ob sie zur Verflüchtigung oder «Verirdischung» neigt, und man lernt, mit ihr umzugehen.

Die Reibechtheit

Sie wird geprüft, indem man mit einer trockenen, gefärbten Flocke einige Male kräftig über eine weisse Baumwollunterlage streicht. Bleiben Farbspuren zurück, so kann die betreffende Färbung nicht als reibecht angesehen werden. Im allgemeinen zeichnen sich die Pflanzenfarben durch hohe Reibechtheit aus. Eine unrühmliche Ausnahme bilden Blauholz- und oft auch sehr dunkle Indigofärbungen.

Spinn- und Strickprobe verschiedener Färbungen,
kombiniert mit weisser
Rohwolle. Beides wurde
mehrere Male gewaschen.

Beispiel von Lichtproben. ▶

Blauholz

Blauholz

Johanniskraut

Sonnenblumen

Tagetes

Erika

Apfelbaum

Zwiebel

Erika / Krapp

Cochenille - Quercitron

Cudbear

Cudbear

Cudbear

Cochenille

Zwiebel

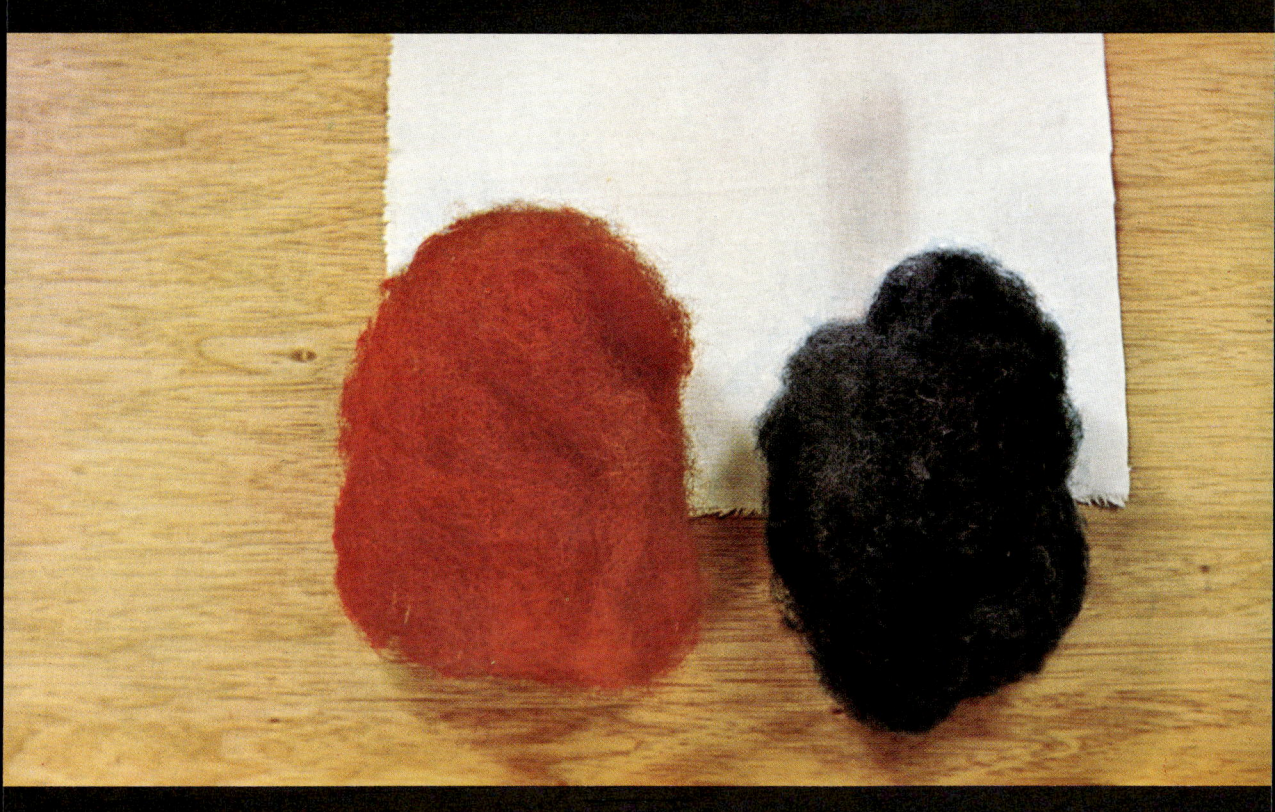

Einzelaufnahme des zweiten
Kartons links. Blauholz,
Sonnenblumen und Tagetes
sind Stufenfärbungen und
dadurch erstaunlich lichtecht geworden. Interessant
ist das unterschiedliche
Verhalten der drei ver-
schiedenen Konzentrationen
von Cudbear.

Purpur

Man kann sich lange mit den Farben der einheimischen Pflanzen beschäftigen, mit ihnen weiterarbeiten und volle Befriedigung dabei empfinden. Aber nach längerer oder kürzerer Zeit kommt unüberhörbar der Wunsch nach Purpur und Blau. Es ist ja wohl so, dass der Mensch in sich den Farbkreis als Ganzes veranlagt hat und erst volle Befriedigung empfindet, wenn dieser Farbkreis geschlossen ist.

Gehäuse der Purpur-
schneckenarten. Links:
Purpura haemastoma;
Mitte: Murex brandaris;
rechts: Murex trunculus.

Leider gibt es aber keine einzige Pflanze, die uns leuchtenden Purpur schenkt. Man kann zwar Krappfärbungen mit Metallsalzen ins Bläuliche herüberholen oder mit Blau grundierte Wolle mit Krapp überfärben, aber von einem leuchtenden Purpur sind diese Entwicklungen noch weit entfernt. Um ein solches zu erhalten, müssen wir uns dem Tierreiche zuwenden.

Die Geschichte des Purpur ist hochinteressant und mit vielen Legenden verbunden, z.B. mit der Geschichte der phönizischen Hirtin, die am Meeresufer ihre Schafe hütete und erschrak, als der Hund mit einer «blutigen» Schnauze hergerannt kam. Es stellte sich heraus, dass er eine Purpurschnecke zerbissen hatte, die einen eigenartigen Drüsenfarbstoff produziert, der, wenn er mit der Luft in Berührung kommt, sich von Gelb in ein leuchtendes Purpur verwandelt. Da dieser Farbstoff nur in winzigen Mengen – man spricht von einem Tröpfchen – vorhanden ist und das Verlangen nach dieser wunderbaren Farbe gross war, wurde die Purpurschnecke in grossen Mengen gesammelt. Für 1,4 g Purpur sollen 12 000 Schnecken erforderlich gewesen sein. In der Gegend des heutigen Libanon hat man 7 bis 8 m hohe Haufen von Schneckenschalen gefunden. Die Herstellung des Farbstoffes, der übrigens mit Indigo chemisch verwandt ist, war sehr kompliziert und zog sich über Wochen hin. Das äusserst kostbare Rot war den Purpurgewändern von Königen und Kardinälen reserviert.

Schon im Altertum ist der Purpur durch den billigeren Kermes (Karmin) verdrängt worden. Die Kermesschildlaus lebt auf den Kermeseichen in Südfrankreich, Spanien und auf den griechischen Inseln. Die etwa erbsengrossen, roten weiblichen Läuse werden eingesammelt, abgetötet, getrocknet und zu Pulver zerrieben. Das Pulver ist wasserlöslich und dient zum Färben von Wolle und Seide.

Mit der Entdeckung Amerikas im 16. Jahrhundert erwuchs dem Kermes eine bedrohliche Konkurrenz durch die amerikanische Schildlaus Cochenille, die um 1800 den Kermes bereits vollständig verdrängt hat. Als die Spanier Mexiko eroberten, entdeckten sie prachtvoll leuchtendrote Stoffe. Sie fanden auch die Schildlaus, die den Farbstoff lieferte. Es werden, gleich wie beim Kermes, die Weibchen gesammelt, die auf Kakteen leben. Sie werden abgetötet, getrocknet und zermahlen. Das so entstandene Pulver gibt den Cochenillefarbstoff, der dem Kermes an Leuchtkraft überlegen ist und deshalb heute ausschliesslich zum Purpurfärben gebraucht wird.

Indigo

Auch die Blaufärberei ist geschichtlich interessant. In Europa behalf man sich über lange Zeit mit Wacholder-, Holunder-, Brombeeren und Heidelbeeren. Auch Kornblumen wurden zu Hilfe genommen. Aber reine, haltbare Blautöne waren damit nicht zu erzielen. Es scheint, dass man Rosa, Grau, Violett in den Begriff Blau mit einbezogen hat. Ausser den genannten Blüten und Früchten kannte man allerdings noch den Färberwaid (Isatis tinctoria), der Spuren echten Indigos enthält, mit dem man aber nur in langwieriger, komplizierter Küpenfärberei echte Blautöne erzeugen konnte. Immerhin fand man schon in ältesten Textilfunden Spuren von Indigoblau, die von der Waidpflanze herstammen. Dass das Blaufärben auch im Mittelalter noch eine besondere Angelegenheit war, geht daraus hervor, dass es eine besondere Gilde der Blaufärber gab. Emil Spränger beschreibt in seinem Färbbuch ein altitalienisches Waidrezept, das ich zur Illustration der damaligen Methoden hier wiedergeben will:

«Nimm frische Waidblätter und zerstampfe und zerreibe sie gut. Gib den Brei in einem Topf an die Sonne. Lass ihn mehrere Tage liegen und befeuchte ihn jeden Tag mit geklärtem Urin, bis er vollkommen verfault ist und grosse blaue Maden entwickelt. Zerdrücke diese Maden und lass den Saft durch ein dünnleinenes Tuch in eine Schüssel sickern. Lass ihn ruhig liegen, bis er dick zu werden beginnt. Forme ihn dann zu einem flachen Kuchen und lege ihn an die Luft zum Trocknen.»

Eine meiner Kursteilnehmerinnen, die aus der Pfalz kam, wo der Waid noch wild an Bahndämmen und Kiesgruben wächst, erzählte uns, dass sie sich noch gut erinnere, wie in ihrer Kindheit jeden Tag das Wägelchen durchs Dorf fuhr mit einem Trog, in den die Frauen die Nachttöpfchen leerten. Der gesammelte Urin – vorwiegend Knabenurin – wurde in die Blaufärberei geführt und dort für das Ansetzen der Waidküpen gebraucht.

Mit der Isolierung des blauen Farbstoffes ist der Prozess aber noch nicht abgeschlossen, denn dieser blaue Waidfarbstoff ist nicht wasserlöslich, sondern muss nun durch eine Art Reduktionsprozess in eine gelbe Lösung übergeführt werden, in die dann die Wolle zum Färben eingebracht wird. In der Fachsprache nennt man diesen Umwandlungsprozess verküpen. Nimmt man dann die Wolle aus diesem Küpenbad heraus, so ist sie gelb und verwandelt sich erst an der Luft mit Hilfe des Sauerstoffes über Grün in Blau. Die Überlieferung berichtet, dass Verküpungs-, Färb- und Oxidationsprozess je einen Tag gedauert hätten, so dass die Blaufärber gerne am Samstag eine Küpe ansetzten, am Sonntag das Färbgut einlegten, um es dann am Montag an der Luft oxidieren, das heisst, verblauen zu lassen. Die Färber hatten dann einen freien Tag, und der «blaue Montag» bekommt hier seine Begründung.

Im Osten stand die Blaufärberei schon seit alter, vorchristlicher Zeit auf hoher Stufe. Man bediente sich dort ebenfalls einer Pflanze, nämlich des *Indigo*. Es gibt davon gegen 30 verschiedene Arten, von denen sich einige als ganz besonders zum Färben geeignet erwiesen. Der bengalische Indigo gilt als der beste. In Afrika werden noch heute tiefe Lehmgruben im Boden als Küpengefässe benutzt. Die gesammelten Blätter werden darin mit Wasser angesetzt. Die Sonne trägt dazu bei, dass das zur Gärung notwendige Wärmemilieu entsteht. Dann wird die Flüssigkeit mit langen Ruten gepeitscht, das heisst, es wird nun möglichst viel Sauerstoff in die Brühe hineingeschlagen, bis der Blaufarbstoff ausfällt und sich als Schlamm absetzt. Mit Hilfe eines Tuches, auf dem Grubenboden ausgebreitet, wird nun dieser blaue Schlamm ans Tageslicht gezogen und an der Sonne getrocknet.

Diese Indigokuchen wurden verkauft und kamen im 16. Jahrhundert, in der Zeit des aufblühenden Handels, nach Europa. Aber auch der Indigoblaufarbstoff ist – wie der Waid – nicht wasserlöslich und muss durch Entzug des Sauerstoffes in das sogenannte Indigoweiss reduziert, d.h. verküpt werden. Dieser Verküpungsprozess vollzieht sich aber wesentlich schneller als beim Waid, auch das Färben braucht weniger Zeit, und entsprechend schnell vollzieht sich auch der Verblauungsprozess. Als die ersten Indigo-lieferungen ankamen, waren die Waidfärber erstaunt, ja entsetzt über die kräftige Reaktion dieses neuen Pulvers. Es erschien ihnen ungeheuer, man nannte es ein Hexenwerk, und der Indigo wurde obrigkeitlich verboten. Der Siegeszug des Indigo, der so wunderbares klares Blau gibt, liess sich aber nicht aufhalten. Erst wurden die Waidpflanzer und -färber noch unterstützt, indem beim Kauf von Indigo auch immer noch ein entsprechendes Quantum Waid übernommen werden musste. Aber im Laufe relativ kurzer Zeit

Natur-Indigo

Natur-Indigo

Der getrocknete Indigo-
schlamm kommt in unregel-
mässigen Stücken – hier mit
Baumwollfäden umwickelt –
in den Handel. Sie werden
für den Gebrauch pulveri-
siert.

Indigo-Blätter

Indigo-Samen

ging der Waidanbau rapid zurück, und das komplizierte, für Laien nur mit grössten Schwierigkeiten durchführbare Färbeverfahren geriet in Vergessenheit.

Für die Indigofärberei brachte die Chemie bald mancherlei Hilfsmittel, die das umständliche Verküpungsverfahren mit Urin ersetzten. Es wurde möglich, mit Hilfe von Schwefelsäure den wasserunlöslichen Indigo in einen sauren Blaufarbstoff umzuwandeln. Das Blau verliert aber dabei an Leuchtkraft und neigt zu Grünblau. Auch die hohen Echtheitseigenschaften des in der Küpe gefärbten Indigos können durch diese Methode nicht aufrechterhalten werden. Die einfache Handhabung hat aber leider doch dazu geführt, dass sie in den skandinavischen Ländern, auch in Schottland und Frankreich fast ausschliesslich verwendet wird. Neben allerlei anderen Verfahren bewährte sich dann als Reduktionsmittel das Hydrosulfit (Natriumdithionit $Na_2S_2O_4$), das es auch dem Laien ermöglicht, erfolgreich eine Küpe zu führen. Das Blau, das sich dann an der Luft im Oxidationsprozess bildet, ist in bezug auf Leuchtkraft und Haltbarkeit ausserordentlich stabil. Bald gelang es dann auch, den Indigo synthetisch herzustellen und die Folge davon war, dass natürlicher Indigo immer schwieriger zu beschaffen war. Der Pflanzenfärber wird aber keine Mühe scheuen, Quellen für natürlichen Indigo ausfindig zu machen. Die Autorin ist gerne bereit, solche zu vermitteln.

Im nachfolgenden soll dieses Verfahren genau beschrieben werden. Es sind zwei Vorbereitungen nötig: die Herstellung der Stammküpe und die Zubereitung des vorgeschärften Küpenbades.

Stammküpe für Indigo

Grundrezept
Man nimmt auf 1 g Indigo
30 cm³ Wasser von 55°C
1,3 cm³ 33prozentige Natronlauge
1,5 g Hydrosulfit

Beispiel
2% Indigo für 600 g Wolle = 12 g Indigo
360 cm³ Wasser
15,6 cm³ Natronlauge
18 g Hydrosulfit

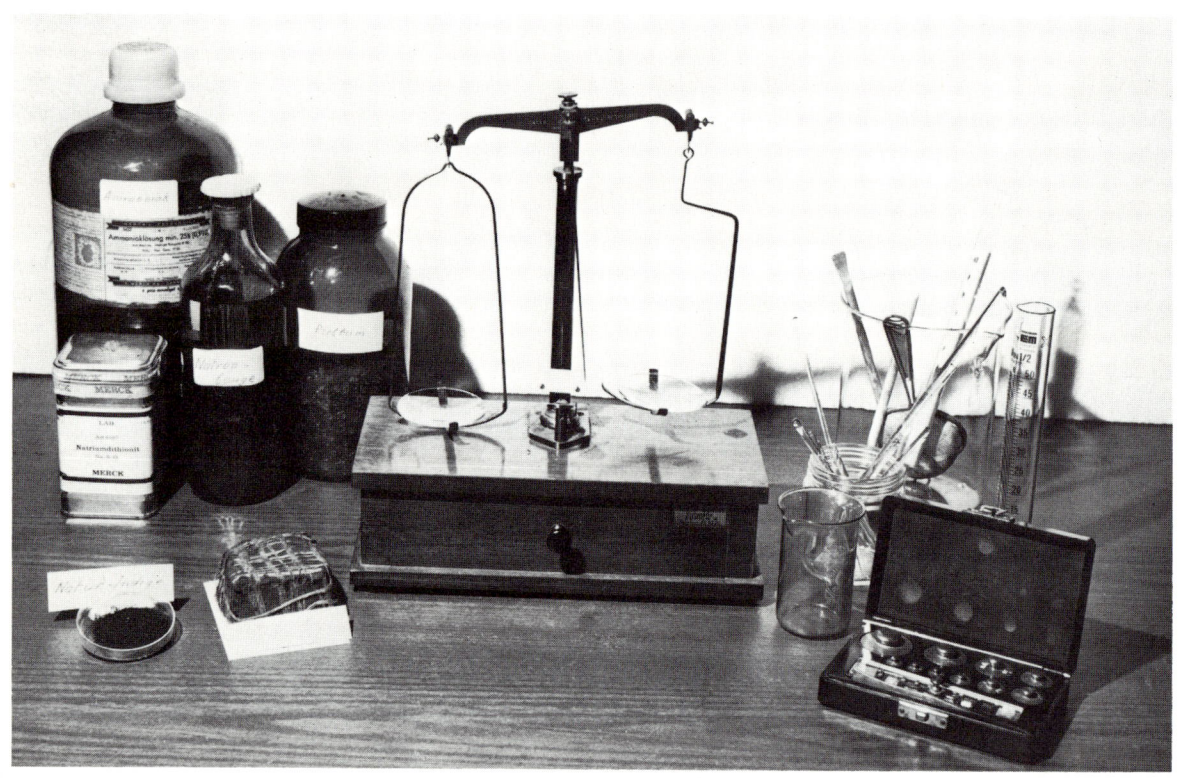

Utensilien für die Küpen-
färberei.

Zubereitung: Indigopulver in ein durchsichtiges Becherglas geben (besser tief als weit), mit etwas Wasser und wenig Feinwaschmittel oder Türkischrotöl als Netzmittel anteigen, das restliche Wasser, Natronlauge und Hydrosulfit zugeben. Vorsichtig mit Glasstab umrühren, im Wasserbad 15 bis 20 Minuten auf 50 bis 55°C halten. In dieser Zeit geht der Indigo in Lösung über, die Flüssigkeit wird durchsichtig hellgelb. Am Prüfstäbchen verwandelt sich die Farbe an der Luft über Grün in Blau. Ein typisches Zeichen ist der süssliche Geruch und die Bildung eines blauvioletten Häutchens über der Flüssigkeit im Glas (Blume).

Mögliche Abweichungen:
1. Die Flüssigkeit ist milchig und trüb.
   Grund: zu viel Hydrosulfit oder zu wenig Natronlauge.
   Korrektur: tropfenweise Natronlauge zugeben, bis sich die Flüssigkeit hellgelb färbt.

2. Die Flüssigkeit bleibt blau.

Grund: zu wenig Hydrosulfit.

Korrektur: Hydrosulfit zugeben. Achtung! Die Wirkung tritt erst nach einigen Minuten ein.

Vorgeschärftes Küpenbad

Grundrezept

Alle Mengen sind auf das Gewicht der zu färbenden Wolle berechnet:

die 40fache Menge Wasser von 50–55°C

3% Perlenleim (Tischlerleim in Perlenform), wird am Vorabend eingeweicht

3% Ammoniak 25prozentig

2% Hydrosulfit

Beispiel für 600 g Wolle

40 × 600 g = 24 Liter Wasser

3% von 600 g = 18 g Perlenleim

3% von 600 g = 18 cm³ Ammoniak

2% von 600 g = 12 g Hydrosulfit

Zubereitung: 40 Liter Wasser in einer Pfanne im Wasserbad auf 50 bis 55° C halten. Den völlig gelösten Perlenleim, den Ammoniak und das Hydrosulfit zusetzen. Sorgfältig umrühren. Die vorbereitete Stammküpe möglichst ohne Luftzutritt unmittelbar über der Oberfläche des Küpenbades ausgiessen und die «Blume» abschöpfen. Sorgfältig umrühren und zudecken.

Jetzt noch das Säure/Laugenverhältnis prüfen. Die Küpe muss leicht alkalisch sein. Mit einem Uhrengläschen ein wenig von der Küpe ausschöpfen, ein Tröpfchen Phenolphthalein zufügen. Ergibt sich eine zartrote Tönung, so ist die Küpe in Ordnung.

zu starke Rötung = zu viel Alkalität

Korrektur: etwas Ammoniumsulfat $(NH_4)_2SO_4$ beifügen

Keine Rötung = zu viel Säure

Korrektur: etwas Ammoniak NH_3 zugeben

Dann Küpe erneut prüfen, bis das Verhältnis stimmt.

Das Färben in der Küpe

Man färbt in Zügen, d.h. es können im gleichen Bade nacheinander mehrere Portionen Wolle gefärbt werden. Man geht mit der ungebeizten angefeuchteten Rohwolle ein und versucht, dabei möglichst wenig Luft mitzunehmen. Wolle sorgfältig ganz untertauchen und 30 Minuten im Küpenbade belassen, dabei zwei- bis dreimal das Färbgut vorsichtig bewegen, ohne es an die Oberfläche zu ziehen (Gummihandschuhe!). Gleichzeitig Temperatur kontrollieren, die nicht unter 50°C sinken sollte. Das Küpengefäss mit einem Deckel, die ganze Wanne mit einem dichten Tuch abdecken, damit die Wärme nicht entweicht.

Nach einer halben Stunde wird die Wolle herausgenommen. Dabei ist zu beachten, dass man sie unmittelbar über der Wasseroberfläche abpresst, damit möglichst wenig Sauerstoff mit der überschüssigen Flüssigkeit in die Küpe zurückfliesst. Die Wolle ist nun gelb und verwandelt sich an der Luft zusehends in Blau. Durch Schwenken und Ausbreiten der Wolle im Freien kann der Oxidationsvorgang beschleunigt werden. Er ist nach einer halben Stunde abgeschlossen. Bevor der zweite Zug mit neuer Rohwolle eingelegt wird, muss die Küpe auf ihre Temperatur und mit Phenolphthalein auf das richtige Säure/Laugenverhältnis geprüft werden. Die Nachfarben werden mit jedem Zug etwas heller. Mehr als vier Züge sind nicht zu empfehlen, da sich die Küpe allmählich erschöpft und die Färbungen fleckig werden. Strebt man helle Blau an, so sollte gleich von Anfang an eine schwache Küpe (z.B. 0,25%) angesetzt werden. Der erste Zug aus einer 0,25prozentigen Küpe ist viel schöner und klarer als der vierte Zug aus einer zweiprozentigen Küpe.

Nach dem Verblauen wird die Wolle wie üblich ausgeflottet, gewaschen und klargespült. Da wir uns bei der Küpenfärberei auf der alkalischen Seite befinden, muss die Wolle am Schluss noch abgesäuert werden. Dazu wird 1 Prozent (auf die Trockenwolle berechnet) 85prozentige Ameisensäure in so viel handwarmes Wasser gegeben, dass die Wolle gut darin bewegt werden kann. Auf 80°C erhitzen, langsam wieder abkühlen, durch ein klares Spülwasser ziehen, zentrifugieren und zum Trocknen locker ausbreiten.

Selbstverständlich kann man in der Küpe auch Überfärbungen machen: Gelb zu Grün, Rot zu Violett, Dunkelbraun zu Schwarz usw. Wie beim Abschnitt «Überfärbungen» erwähnt, ist darauf zu achten, dass die grundierte Wolle nicht abgesäuert ist, damit das alkalische Küpenbad nicht gestört wird.

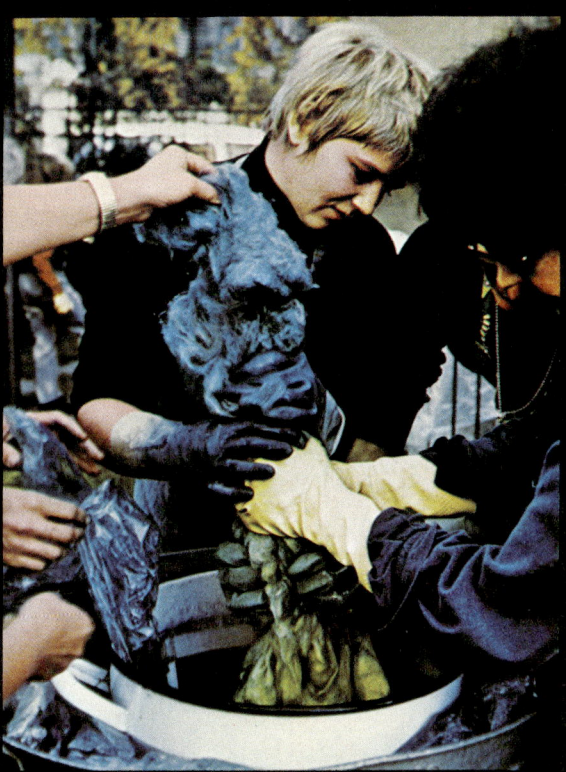

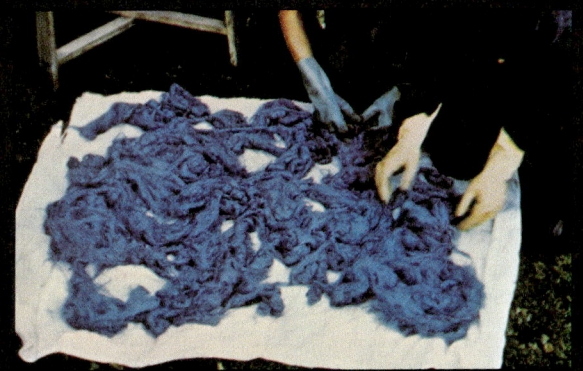

Gelbe Wolle im klardurch-
sichtigen Küpenbad.
Die Wolle wird heraus-
genommen und verblaut
nun zusehends an der Luft.
Durch sorgfältiges Aus-
breiten kann sich der
Oxidationsvorgang gleich-
mässig vollziehen.

Beispiel von Überfärbungen.
Links: drei Grundfarben;
Mitte: Überfärbung;
Rechts: Rohwolle in der
gleichen Küpe.

Die Wirtschaftlichkeit

Wir müssen der chemischen Färberei zuerkennen, dass sie unsere Kleidung, die Innenausstattung unserer Räume, die Fassaden unserer Häuser vielfältig und farbenfroh macht. In früheren Zeiten war die alltägliche Umgebung viel bescheidener ausgestaltet. Wer in einfachen Verhältnissen lebte oder auf Selbstversorgung angewiesen war, der verwendete vor allem die naturbelassenen Garne zum Verweben, und einige wenige Farben, nach überlieferten Rezepten in der Hausfärberei hergestellt, gaben dem Festtagsgewand eine besondere Note. Noch bis vor kurzem wurde in abgeschiedenen Bergtälern viel Schwarz getragen, auch von Kindern und jungen Frauen. Das Bedürfnis, das wir heute nach Farbigkeit haben, könnte niemals allein mit Pflanzenfarben gestillt werden, besonders da zum Beispiel das Herstellen von Pflanzen*mal*farben noch in einer eigentlichen Experimentierphase steckt.

Wollten wir die Stunden berechnen, die das Sammeln und Zubereiten der Färbpflanzen erheischt, und würden wir den gesamten Aufwand für das Waschen, Beizen, Färben und Nachbehandeln der Wolle dazurechnen, so müsste die pflanzengefärbte Wolle zu einem horrenden Preis verkauft werden. Die Frage nach der Wirtschaftlichkeit ist also schnell beantwortet und lautet: nein. Und doch ist hier erst *eine* Seite berücksichtigt. Die Rechnung sieht sofort anders aus, wenn man zur Färberei noch die Weiterverarbeitung hinzunimmt, die ja meistens eine künstlerische ist. Wird mit pflanzengefärbter Wolle gestaltet, gestickt, gestrickt oder gewebt, so entstehen mit verhältnismässig wenig Material ausserordentlich kostbare Einzelstücke, die von Kennern gesucht und auch gut bezahlt werden. In dieser Weiterverarbeitung liegt auch, nach den Anregungen und Freuden, die man bei den Werdeprozessen des Färbens erlebte, wieder ein ganz spezieller Reiz, weil nun erst eigentlich die besondere Harmonie der Farben, ihre Strahlungskraft und die Wirkung, die von ihnen auf den Betrachter ausgeht, zur Geltung kommen. Nicht nur Kunstwerke, auch ein einfacher, schlichter Pullover wird inmitten einer Fülle von chemischgefärbten Kleidungsstücken auffallen und Träger und Betrachter beglücken.

Wichtig werden die Pflanzenfarben aber besonders, wenn Kinder mit ihnen in Berührung kommen. Wir haben fürs Wiegenbettchen feine Seide blau und rot gefärbt und übereinander gelegt, innen die rote, aussen die blaue. Das zarte bewegte Violett, das daraus entsteht, kann nie mit chemischen Farben nur annähernd erreicht werden. Das Kleinkind liebt die weichen, farbigen Zimmerbälle, die niemandem wehtun und doch elastisch springen, wenn sie gut geschoren werden. Pflanzengefärbte Puppenkleidchen werden allen andern vorgezogen und bilden die Vorstufe eines später tiefverwurzelten Qualitätsempfindens dem Echten gegenüber. Die Mütter, welche die kleinen Puppen gestaltet haben, wurden durch die harmonischen Farben zu immer neuen Kreationen angeregt, und mit den lustigen Fingerzwerglein, an die Hand der Mutter oder an die eigenen Finger gesteckt, werden von kleinen Rekonvaleszenten unermüdlich neue Zwiegespräche und Geschichten erfunden. Ein Korb voll gefärbter Kardwolle ist im Kindergarten, aber auch, wie die Märchenbilder zeigen, für Erwachsene, immer wieder Anregung für schöpferisches Tun.

Wer diese Werte richtig einschätzen kann und auch über die aufwendige Herstellung der Pflanzenfarben etwas weiss, findet den Preis für dieses kostbare Material nicht zu hoch. Die Ratschläge in diesem Buch ermöglichen es aber auch, sich selbst ans Färben und Spinnen zu wagen und dabei neben dem inneren Gewinn auch noch einen materiellen Vorteil zu erzielen.

Die Pflanzenfärberei als Unterrichtsstoff

Das in diesem Buche behandelte Gebiet dürfte sich als Unterrichtsstoff vorzüglich eignen, handelt es sich doch um eine Urbetätigung des Menschen, die im Lebenskundeunterricht ihren gemässen Platz haben sollte. Aber auch Pflanzenkundeunterricht und Gartenbau (Sammeln und Anpflanzen von Färbkräutern), Chemie (Wirken von Säuren und Basen, Arbeiten mit Metallsalzen, Ansetzen einer Reduktionsküpe), Werkstattunterricht (Herstellen von Handspindeln und einfachen Webgeräten) sind mit einbezogen. Geschichtliches, Völkerkundliches (Indigo, Purpur) und Künstlerisches (Teppichknüpferei und -wirkerei) lassen sich einbauen. Und an der Entwicklung des Wildschafes zum weitverbreiteten Haustier können die Kinder erleben, wie der Mensch an der Entstehung von Kultur und Zivilisation mitwirkt. Wenn es auch nicht immer möglich sein wird, dieses vielfältige Gebiet als zusammengehöriges Ganzes in den Stundenplan einzubeziehen, glauben wir doch, dass angestrebt werden sollte, in der Mittelstufe den Kindern für eine besondere Arbeit pflanzengefärbtes Material zur Verfügung zu stellen, um sie das Wohltuende, Harmonische und Anregende dieser Farben erleben zu lassen. Es wirkt hier eben auch das «Dahinterliegende» in heilender Weise auf die Seele der Kinder. Es gibt Rudolf Steiner-Schulen, die diesen Versuch mit deutlich spürbarem Erfolg durchgeführt haben.

Wenn bis jetzt vom Färben die Rede war, so soll nun noch kurz auf die Weiterverarbeitungsprozesse eingegangen werden, nämlich auf das Karden und das Spinnen.

Das Karden

Um die Flockenwolle gleichmässig verspinnen zu können, müssen wir sie vorbereiten. Auf dem Lande und in den Berggegenden geschah das oft von Hand. Man setzte sich im Winter in der warmen Stube um den Tisch und holte die Wolle von der warmen Ofenbank, wohin sie vom kalten Dachboden gebracht worden war, damit sie weich und geschmeidig werde. Flocke um Flocke wurde fein auseinandergezogen, bis ein luftiger Wollberg entstand. Ungewaschen wurde er nun von fleissigen Händen zum Faden versponnen und verstrickt, und erst das fertige Stück wurde gewaschen, wobei man aufpasste, dass ein Teil des hautfreundlichen Wollfettes zurückblieb.

Wollte man die Arbeit noch feiner und schöner machen, so benützte man zwei kleine Kardbrettchen, die mit feinen Nägeln versehen waren und die nun ein eigentliches Kämmen der Wollflocken erlaubten. Wie ein solches Gerät gehandhabt wird, sehen Sie im Bilde. Ein Brettchen wird aufs Knie gelegt und eingefüllt, indem Flocke um Flocke in Längsrichtung mit schöner Zugbewegung aufgebracht wird (a). Dann streicht man mit dem zweiten Brettchen darüber, erst zart, dann kräftiger, abwechselnd links (b) und rechts (c), und wenn sich alle Flocken gestreckt haben, wird durch Streichen in der Gegenrichtung die Wolle als luftiges Wölklein herausgeholt (d, e). Für Rohwolle ist diese Behandlung recht erfolgreich und ziemlich speditiv. Ist die Wolle aber durch Kochprozesse zusammengeballt, so ist das Brettchenkarden eine recht mühsame Arbeit. Es blieb dann nichts anderes übrig, als sie in eine Karderei zu schicken, wo sie zuerst mit dem «Wolf», hernach mit der mit vielen benadelten Walzen versehenen Kardmaschine bearbeitet und zu luftigen gleichmässigen, watteähnlichen Vliesen gekämmt wird.

In Kanada habe ich ein sehr handliches Gerät kennengelernt und von lieben Freunden geschenkt bekommen. Es ist eine kleine Handkardmaschine, die es erlaubt, auch zuhause recht speditiv und mit gutem Resultat zu karden und – was besonders bei der gefärbten Wolle hochwillkommen ist – selbst ganz neue, attraktive Farbmischungen nach Belieben herzustellen. Die kleine Maschine* wird nun auch in der Schweiz hergestellt.

* Fabrikation und Vertrieb: Walter Strehler, 8308 Illnau

Das Brettchenkarden.

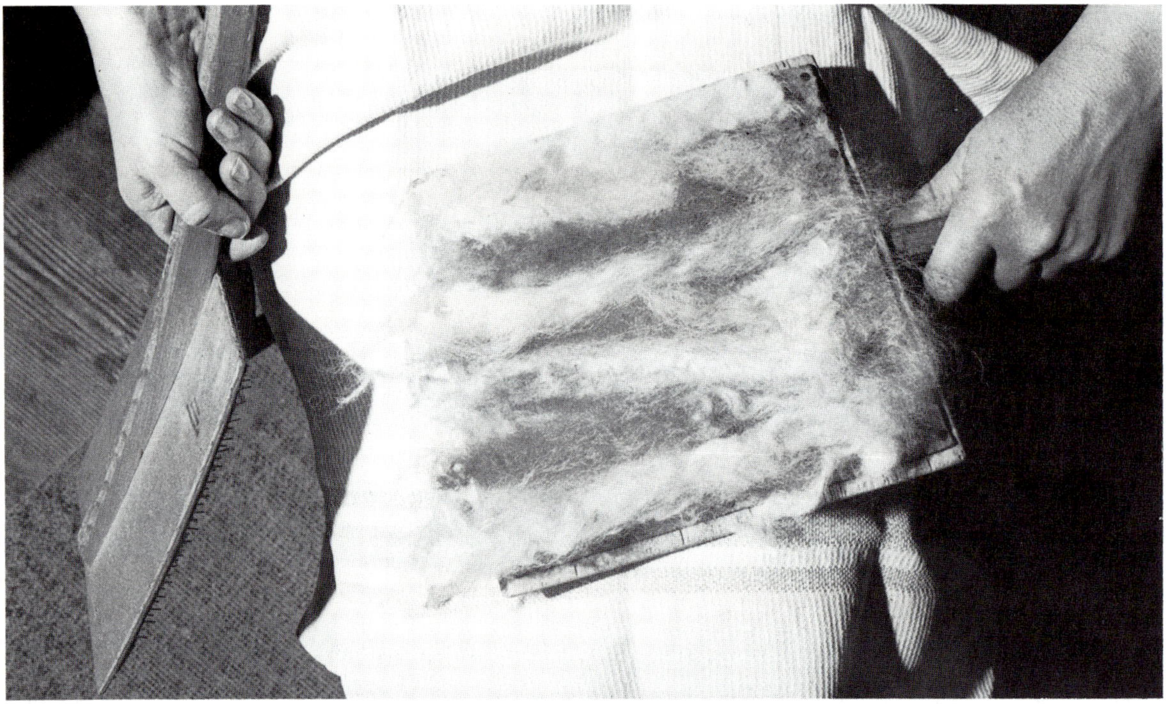

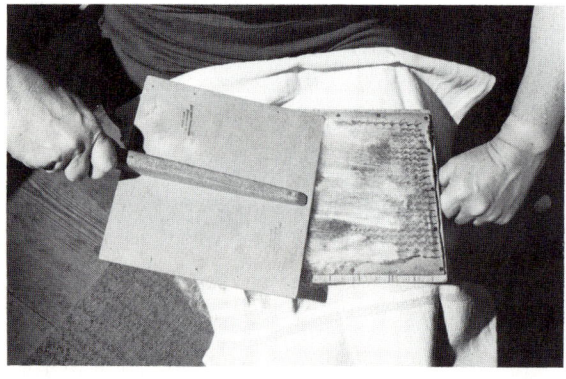

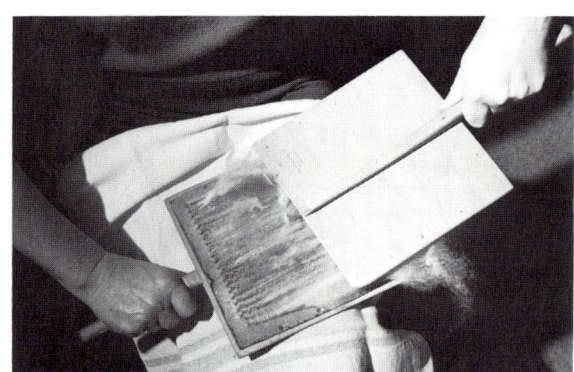

Wolf.
Kardmaschine.

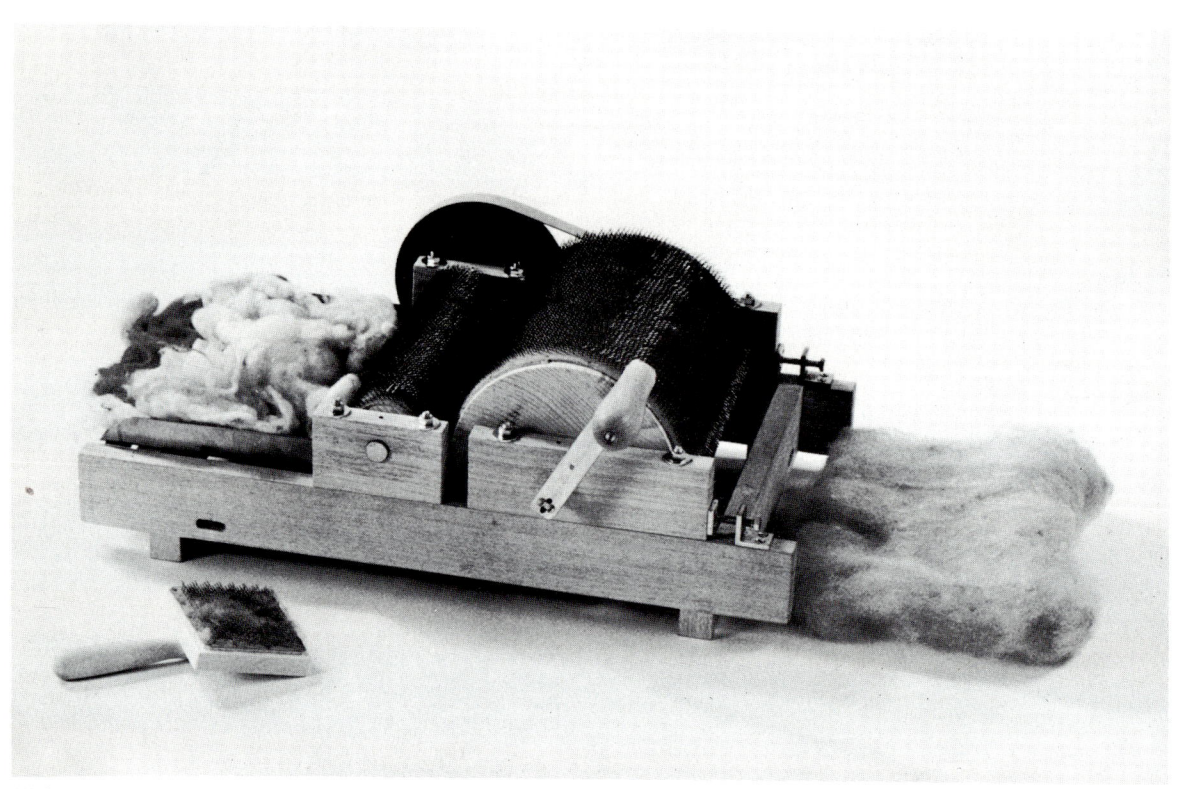

Kleine Kardmaschine für
den Hausgebrauch.

Das Spinnen

Ziehen und drehen, das ist die Grundlage des Spinnens. Ohne diese beiden Bewegungen kann kein Faden entstehen, und je besser sie aufeinander abgestimmt sind, desto gleichmässiger wird der Faden.

Eine kleine *Astgabel*, in welcher der Faden als Schlaufe eingehakt werden kann, genügt bereits. Schon Kindergartenschüler können ein solches Gerät erstaunlich geschickt handhaben. Wenn sie dazu noch pflanzengefärbte Kardwolle erhalten, sind sie glücklich und weben mit dieser selbstgesponnenen Wolle auf einfachen Rahmen wunderhübsche kleine Teppiche für die Puppenstube und das Wiegenbettlein.

Die nächste Stufe ist die *Handspindel*, die man in den verschiedensten Formen bei allen Völkern antreffen kann. Fein und zierlich sind die Baumwollspindeln, deren Wirtel aus Lehm geknetet und meist mit Erdfarben hübsch verziert ist. Für Wolle sind die Geräte grösser und schwerer. Meist gehört noch ein Kunkelstab dazu, auf den die Kardwolle aufgebunden wird. Die Spinnerin klemmt ihn unter den linken Arm oder steckt ihn in den Gürtel. Hier einige Hinweise für die Anfertigung einer guten Handspindel. Das Hauptaugenmerk ist darauf zu richten, dass alles an einer Spindel auf das Drehen ausgerichtet ist. So muss die Wirtelscheibe nach aussen etwas dicker sein, um die Schwungkraft zu verstärken. Am oberen Ende der Spindel soll eine Verdickung oder ein Knopf angebracht werden, wenn möglich gerillt oder aufgeraut, damit man beim Andrehen gut anfassen kann. Ein kleiner Schlitz darin hilft, den Faden zu zentrieren. Wenn auch noch das Gesamtgewicht gut abgestimmt ist – 38–42 g sind ideal –, so ist das Werkzeug so vollkommen, dass das Spinnen zur ungetrübten Freude wird.

Und so wird es gemacht: Man knüpft an die Spindel unmittelbar über der Wirtelscheibe einen weichen Wollfaden an, führt ihn unten beim Spindelende einmal herum und hinauf zum Köpfchen, bildet eine einfache Schlinge, durch die das Köpfchen durchgestossen wird. In die linke Hand nimmt man etwas Kardwolle, legt das Fadenende darüber, hält fest und setzt die Spindel durch eine kräftige Drehung nach rechts in Schwung. Die Drehung setzt sich durch den Faden aufwärts fort bis zur Kardwolle und nimmt etwas davon mit. Nun zieht die rechte Hand sorgfältig nach unten, lässt wieder los, um die Drehung nicht abzubremsen, zieht wieder, während die linke Hand den Wollzufluss steuert, indem ein kleines Wolldreieck bereitgehalten wird, das dem Faden immer gleichmässig Nahrung gibt. Das Ziehen und Loslassen mit der rechten Hand vollzieht sich in regelmässigem Rhythmus, bis die Spindel am Boden angelangt ist und stillsteht. Nun kommt noch eine wichtige Phase. Der gedrehte Faden ist nun, besonders beim Anfänger, meist zu stark gedreht, hat also ziemlich viel Überdrall erhalten, der wieder herausgeholt werden muss. Man kann dies auf zweierlei Arten tun. Entweder lassen wir die Spindel

Das Spinnen mit der Ast-
gabel.

jetzt auf dem Boden ruhen und spinnen oben noch einige Züge weiter, wobei wir die
Drehkraft aus dem gesponnenen Faden beziehen, oder wir lassen unten die Spindel
etwas zurücklaufen, wodurch sich der gesponnene Faden etwas auflöst und weicher wird.
Er wird nun auf die rechte Hand aufgewickelt, dann nimmt die linke die Spindel und
wickelt den Faden konusförmig auf, damit auch hier das Gesetz der Schwungkraft berücksichtigt wird. Eine gute Spindel muss nur einmal angedreht werden, um von oben bis
auf den Boden zu gelangen, so dass das Ziehen und Loslassen zu einer ununterbrochenen,
harmonischen Bewegung werden kann.

Die nächste Stufe bildet das *Handspinnrad*, bei dem das Schwungrad mit der rechten Hand
in Bewegung gebracht wird, während die linke den Faden aus dem Wollvlies an der
Spindel zieht.

Seit etwa 400 Jahren kennen wir das *Flügelspinnrad*, das mit den Füssen in Gang gehalten
wird. Der Wirtel (Flügel) dreht den Faden, der gleichzeitig auf die Spule aufgewickelt
wird. Es gibt grundsätzlich zwei verschiedene Ausführungen, nämlich das Flachsrad und
das Wollspinnrad.

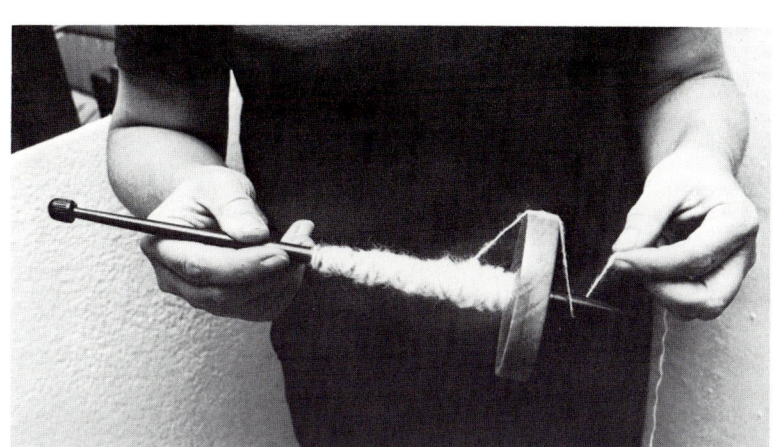

Das Spinnen mit der Hand-
spindel.

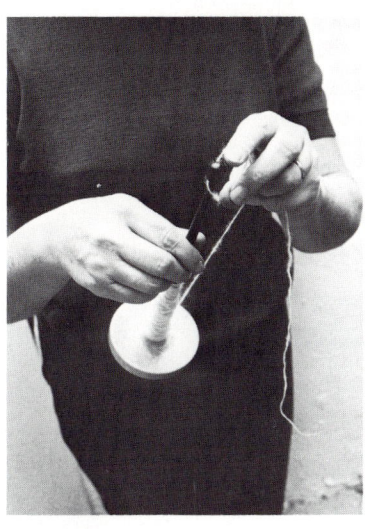

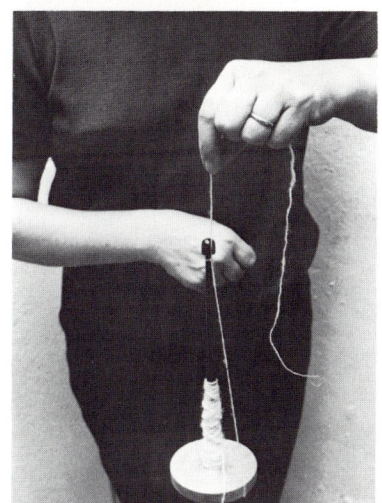

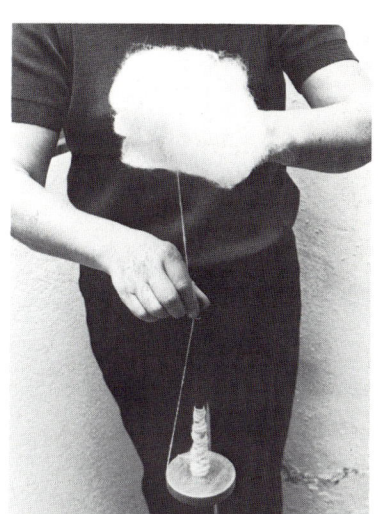

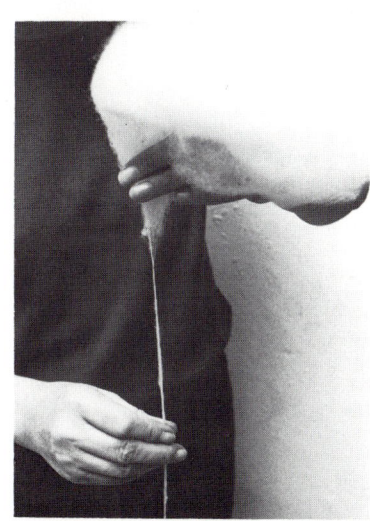

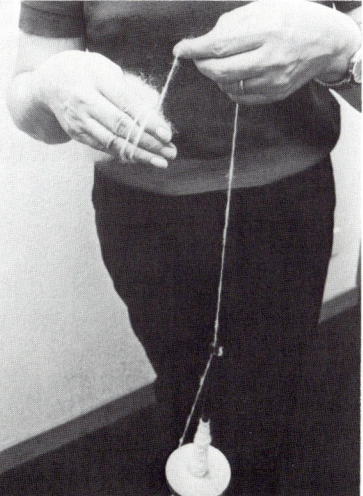

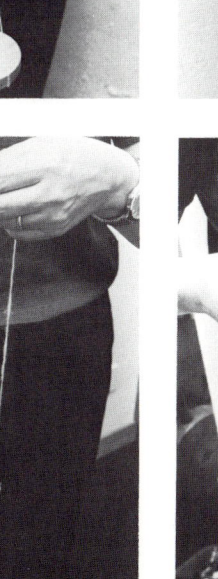

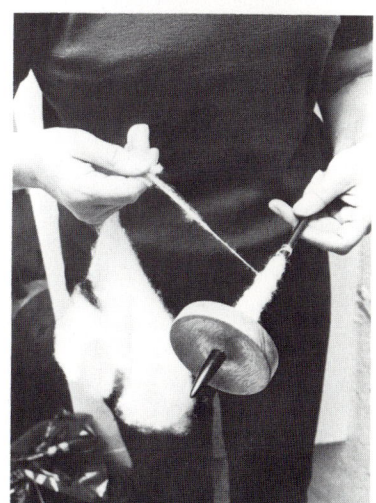

Das Flachsrad

Es hat meist ein grosses Antriebsrad, über das die Antriebsschnur doppelt geführt wird, das eine Mal über die Rille an der Spule, das zweite Mal über das Rädchen, das auf der Spindel festgeschraubt ist. Der unterschiedliche Durchmesser bestimmt die Einzugsgeschwindigkeit des Fadens. Da die Differenz zwischen dem grossen Schwungrad und der kleinen Spule sehr gross ist, wird letztere sehr schnell gedreht, was dem Flachs entspricht, der ja zu einem feinen, festgedrehten Faden gesponnen werden soll. Der Rhythmus des Tretens ist festgelegt dadurch, dass das Trittbrett an einer Achse endet. Durch jede Umdrehung des Antriebsrades wird das Trittbrett gehoben und dann mit so viel Kraft hinuntergedrückt, dass das Rad sich einmal ganz dreht. Treten und Umdrehungsgeschwindigkeit sind aufeinander abgestimmt und können nicht verändert werden.

Das gleiche Prinzip sehen wir auch am Bündner Bockrad und an anderen rustikalen Modellen, mit denen man die kurzfaserige Wolle der Bergschafe zu einem festgedrehten, soliden Faden spinnt.

Bündner Bockspinnrad. Das
Trittbrett kann nur nach
vorn gedrückt werden.
Das muss so intensiv ge-
schehen, dass das grosse
Schwungrad sich einmal
ganz dreht.

Beispiel eines Wollspinn-
rades mit dem Wiegetritt-
brett, das beliebig langsam
oder schnell getreten werden kann.

Das Wollspinnrad

Es hat ein kleineres Antriebsrad, dafür einen grösseren Durchmesser am Spulenende, so dass das Umlaufsverhältnis gemildert wird. Die einfache Antriebsschnur wird durch Drehen der Schraube oben am Spinnrad gespannt oder gelockert. Die allerwichtigste Veränderung gegenüber dem Flachsrad zeigt die Anordnung des Trittbrettes, das über die Achse hinausragt und durch eine leichte Wiegenbewegung ganz beliebig, unabhängig vom Schwungrad, getreten werden kann, d.h., es spielt hier keine Rolle, ob sich das Rad ganz herumdreht oder nicht, so dass ein beliebiger, dem zu spinnenden Faden angepasster Rhythmus möglich ist. Das gibt der Spinnerin die Möglichkeit, ganz nach Bedürfnis schnell oder langsam zu spinnen, d.h. die Geschwindigkeit so zu regeln, dass genügend Wolle vorbereitet werden kann. Das ist besonders wichtig, wenn vielleicht ein fingerdicker, ganz weicher, lockerer Faden angestrebt wird oder verschiedene Farben gleichmässig oder als Noppen zugeführt werden sollen.

Das Spinnen im langen Zug.

Es ist heute nicht mehr unsere Aufgabe, fürs tägliche Brot Kilo um Kilo Wolle möglichst gleichmässig zu einem harten Faden zu spinnen, das dürfen wir getrost der Maschine überlassen. Unsere Tätigkeit am Wollspinnrad soll eine rhythmische, entspannende, harmonisierende sein; das Werkzeug hat sich dem Arbeitenden unterzuordnen und nicht umgekehrt.

Wir können am Wollspinnrad *im langen Zug* spinnen, d.h., die linke Hand zieht den Faden nach hinten, gibt ihn der Spule ein und zieht von neuem, was einen wohltuenden Rhythmus zwischen dem tretenden rechten Fuss und der Handbewegung ermöglicht. Diese Methode eignet sich besonders gut für einen feinen oder mitteldicken gleichmässigen, weichen Faden.

Vor dem Loch spinnen wir, wenn ein sehr dicker, locker gedrehter Faden entstehen soll, wobei die über dem Wirtelende angebrachte Bremse, die sonst immer ganz offen ist, etwas angezogen wird, um den Einzug der dicken Wolle zu unterstützen. Hier ist es

Spinnen eines weichen,
dicken Wollfadens vor dem
Loch.

besonders wichtig, dass wir die Geschwindigkeit des Tretens ganz nach Bedürfnis und Geschicklichkeit regeln können. Diese Methode ermöglicht es uns auch, gleichzeitig verschiedene Farben einziehen zu lassen und in Ruhe den Farbwechsel zu bestimmen. Während wir beim Spinnen das Schwungrad rechtsherum laufen lassen, wird es *zum Zwirnen* linksherum gedreht. Auch hier können wir durch Regulierung an der Bremse den Einzug beeinflussen, so dass der Zwirn ganz nach Wunsch eng gedreht oder nur locker verschlungen ist. Gerade wenn man mit verschiedenfarbigen Fäden arbeitet, gibt es hier noch attraktive Spielarten mit überraschenden Resultaten. Es ist zu wünschen, dass in unserer hektischen Zeit das entspannte, ruhige Arbeiten am Wollspinnrad wieder in viele Wohnstuben Einzug halten darf. Die Autorin vermittelt auf Wunsch gerne neue, spinntüchtige Spinnräder und Handspindeln.

Beim Zwirnen ist zu beachten, dass beide Fäden gleich straff gehalten werden.

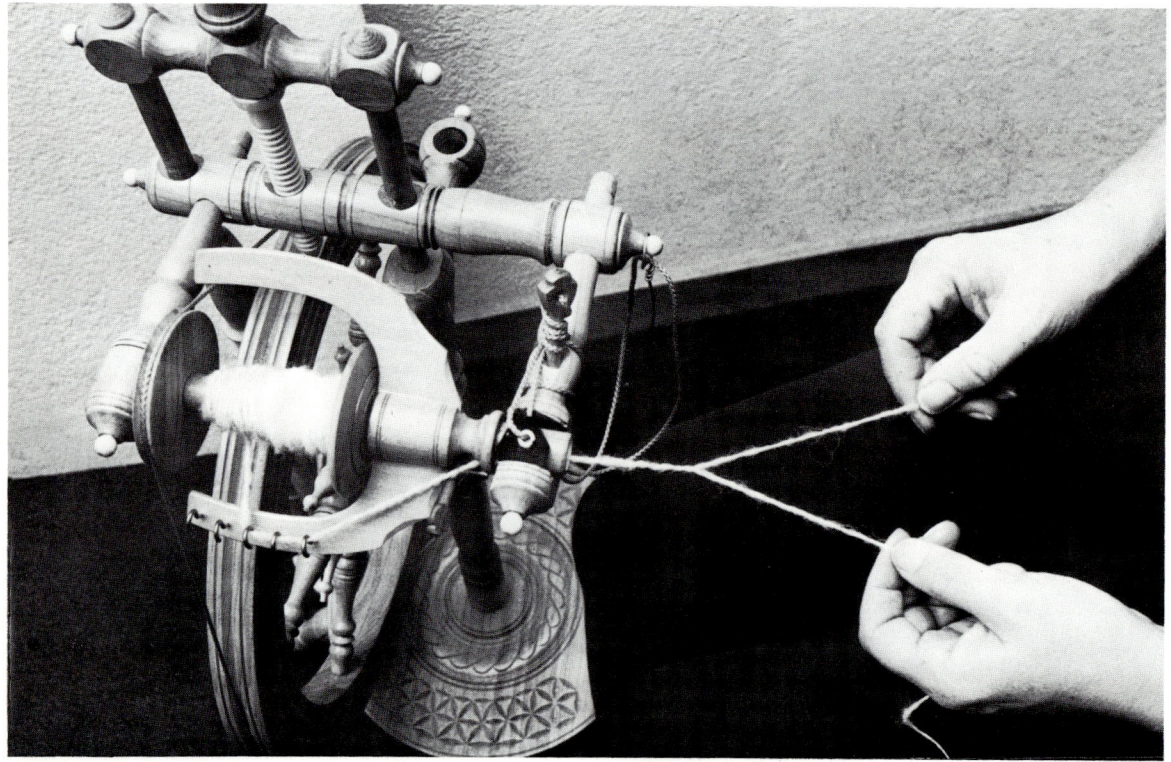

Ein gutes Wollspinnrad
ermöglicht der Spinnerin,
von der feinen Stickwolle
bis zur fingerdicken Docht-
wolle alle Qualitäten herzustellen.

Den Faden spinnt die zarte Frauenhand
Und webt daraus das irdische Gewand.
Aus Gottes Händen rinnt der Lebensfaden,
Wann er zu Ende, wirst Du nie erraten.
Drum web' daraus, solange es noch Zeit
Mit Müh' und Fleiss ein unvergänglich Kleid.

Hausspruch in Ulm

Zum guten Ende

In den vergangenen Jahren ist mir durch die Beschäftigung mit den Pflanzenfarben eine Fülle von Begegnungen, Erlebnissen und Erfahrungen zuteil geworden, die mich reich beschenkten. Ich möchte diese Arbeit nicht abschliessen, ohne in diesem Erinnerungs-buch ein wenig zu blättern und den Leser an der Vielfalt etwas teilhaben zu lassen.

Auf den äusseren Hebriden
Begegnung mit Mrs. Campbell, die, eingebettet in den Jahreskreislauf, noch selbst alle Arbeiten ausführt vom Schaf bis zum fertigen Tuch: das Scheren der Schafe, das Waschen, Färben und Spinnen der Wolle, das Weben des kostbaren, soliden Tweedstoffes, der anschliessend noch gewalkt wird. Leider wird die eine und andere chemische Farbe mitverarbeitet.

Kanada
Besuch bei einer Färberin, die ihre gefärbten Wollen Wind und Wetter aussetzt. Was dann hereingeholt wird, ist bestimmt licht- und waschecht.
Eine andere Färberin bringt ihre Rohwolle zum Zupfen in ein Altersheim. Die fettige, warme Wolle tut den alten Händen gut.

Alabama (Auburn) USA
Meinem Vortrag wird grosses Interesse entgegengebracht. Auch im Rahmen der Uni-versität wird das Kunsthandwerkliche vielseitig gepflegt. Die Natur ist üppig und far-benfroh. Rezepte mit Blüten und Farbhölzern zeigen, dass Dauerhaftigkeit nicht im Vor-dergrund steht. Man kann ja die Färbungen beliebig wiederholen, weil die Farbstoffe in Fülle vorhanden sind.

Wisconsin (Cedarburg) USA
Durch eine Kursteilnehmerin von drüben höre ich, dass auch dort manches geschieht. Die Mitglieder der «spinning guild» möchten sich zwar nicht belasten mit genauen Rezepten, sondern lieber spontan arbeiten. Die Hauptsache: Es besteht Interesse!

Griechenland
Unter meiner Fachliteratur findet sich ein kleines Büchlein von Joice M. NanKivell, Prosporion, mit Färbangaben. Eine Kursteilnehmerin teilt mir mit, dass sie dort meinen Rezepten und Farben begegnet sei.

a. Grosse und kleine
Puppen, Gnomen, Finger-
zwerge.
b. Wollhasen und Kätzchen
zum Liebhaben, Zimmer-
bälle und Finkli.

c. Kleid mit eingelegter,
unversponnener Wolle in
zarten Abstufungen, ge-
wobener Schal, Tischläufer.
d., e., f., g., h. Kostbare
Einzelstücke.

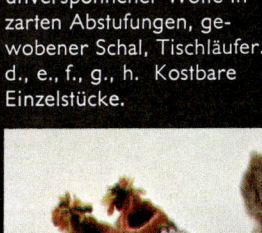

Vier Märchenbilder, auf
Filz gelegt. Man sieht, wie
die zart übereinander
gezogenen Farben durch-
schimmern.
a. Aschenbrödel.
b. Kleine Engelschar.
c. Rumpelstilzchen.
d. Rapunzel.

pflanzengefärbter Stickwolle.
Links
k. kombiniert mit Kard-
wolle.
l. Ägyptische Wandteppiche
mit pflanzen-
m. gefärbter Wolle.

Nereide (Ägypten, 7. Jahrhundert), Wirkerei aus
Wolle mit Naturfarben.
Standort Abegg-Stiftung Bern
in Riggisberg.

Deutschland

Ein Brief erreicht mich von Ida Schwintzer, der Autorin des vorzüglichen, von den Schafhaltern sehr geschätzten Buches «Das Milchschaf»: «...Schon lange wandle ich auf Ihren Spuren... Ich habe die flache Schachtel mit den so warm leuchtenden Farbproben wochenlang wie ein schönes und beglückendes Bild aufgestellt...» Man fühlt eine geistige Schwesternschaft.

Nach meinem Artikel in der Zeitschrift Heimatwerk bekomme ich ein spontanes Telephon von Kurt Hentschel aus Berlin. Ich freue mich, mit dem betagten Pionier der Wiederbelebung des Pflanzenfärbens in persönlichen Kontakt zu treten. Er war in vielen Belangen mein Lehrmeister.

Ägypten

Frau Lotfy aus Kairo kommt auf Umwegen zu mir. Was Professor Wissa Wassef vor vielen Jahren begründete (siehe «Bildteppiche von Harania» und «Blumen der Wüste»), nämlich das Bildteppichweben mit ägyptischen Kindern, wird auf eine breitere Basis gestellt, aber für den Anbau von Färbepflanzen fehlen die Kenntnisse. Chemische Farben hielten Einzug. Ich kann meiner Besucherin ein Paket mit Krappwurzeln und Wausamen mitgeben. Später kommt Frau Lotfy in einen Kurs und ist in ihrer Weberei wieder ganz zu den Pflanzenfarben zurückgekehrt. Wie ich mit eigenen Augen gesehen habe, gedeihen «meine» Färbepflanzen unter der liebevollen Betreuung üppig. Solidago, Labkraut u. a. sind noch dazugekommen, und bereits konnte ich von meinen Färbepflanzen wieder Samen heimnehmen.

Japan

Eines Tages steht Mr. Jamamobee aus Tokio vor der Türe. Er betreut alte Textilien im Museum. Eben habe ich eine Ausstellung; er bewundert die Vielfalt der Farben auf Wolle. Er aber hat eine ganze Rolle pflanzengefärbter Seide unter dem Arm, die wir ausbreiten. Welche Überraschung! Wir finden Gemeinsames; es entwickelt sich ein interessantes Fachgespräch. Später erhalte ich aus Japan ein Paket mit Indigo.

Frankreich

Lidy Nencki kommt zu Besuch. Sie gibt Färbkurse in Südfrankreich, und wir sind seit Jahren miteinander verbunden, ohne uns persönlich gekannt zu haben. Im Winter wird die gefärbte Wolle in ihrer Boutique in Paris verkauft. Sie geht einen anderen Weg, färbt maschinengesponnene Strangen, die von den Teppichwebern sehr begehrt sind, und Indigo wird mit Schwefelsäure versetzt. Aber die gemeinsame Freude an der Natur und ihren Gaben verbindet uns.

Holland
Brieflicher Kontakt führt zu persönlichen Begegnungen. Holländerinnen sind in den Kursen immer wieder interessierte Teilnehmerinnen. Ich erfahre, wie das Gelernte weitergepflegt und weiterentwickelt wird.

Und in der Schweiz
In allen vier Landesteilen webt und lebt heute die Freude an der überlieferten oder wiederentdeckten Tätigkeit des Färbens. Schulen und Heime, Freizeitwerkstätten, Dorfgemeinschaften, Web- und Wohnstuben interessieren sich dafür.
In unserer eigenen Familie hat die ganze junge Generation Freude am Färben, Spinnen und Weben. Auf dem dargebotenen Nährboden wird weiter aufgebaut. Manches kommt zur Blüte. Ja, man ahnt schon mit Freuden, dass die Schüler die Lehrerin überflügeln werden.
Mit ungezählten Menschen rund um den Erdball verbinden mich farbige Wollfäden der Dankbarkeit und Freundschaft. Sie alle in Ost und West, Nord und Süd seien mit diesem Buche herzlich gegrüsst.

FÄRBREZEPTE

Aus der Vielfalt der Möglichkeiten folgt hier eine Anzahl Rezepte, die sich in der Praxis bewährt haben. Lassen Sie sich aber durch eigene Versuche mit anderen Verhältnismengen immer wieder neu überraschen.

Die Prozentangaben beziehen sich auch hier auf die gewaschene, trockene Rohwolle.

Die Rezepte werden in alphabetischer Reihenfolge der Färbepflanzen aufgeführt. Ein Farbregister finden Sie auf den Seiten 132 bis 138.

Die Vorbereitung des Färbmaterials wurde auf Seiten 34 bis 40 besprochen. Die einzelnen Färbeverfahren finden Sie auf den Seiten 53 bis 57.

1   *Akazienrinde*, 200%
Färbeverfahren II
Vorbeize 15% Alaun
Resultat: zartes Rotbraun

2   *Akazienrinde*, 200%
Färbeverfahren II
Vorbeize 5% Kupfersulfat
Resultat: mittleres Gelbbraun

3   *Amerikanische Schwarznuss*, Schalen, 400%
3 Wochen unter Wasser eingeweicht, oder frisch oder getrocknet 1 Stunde ausgekocht
Färbeverfahren I
Resultat: mittleres Rotbraun

4   *Amerikanische Schwarznuss*, Schalen, 400%
Rezept Nr. 3 mit 8% Kupfersulfat entwickeln (Verfahren IV)
Resultat: kräftiges Dunkelbraun

5   *Apfelbaumrinde*, 100%
Färbeverfahren II
Vorbeize 15% Alaun
Resultat: kräftiges Goldgelb

6   *Apfelbaumrinde*, 100%
Färbeverfahren II
Vorbeize 3% Kaliumbichromat
Resultat: Bronzegelb

7   *Apfelbaumrinde*, 100%
Färbeverfahren II
Vorbeize 5% Kupfersulfat
Resultat: kräftiges Gelbbraun

8   *Astflechte*, 100%
Färbeverfahren II
Vorbeize 12% Alaun
Resultat: Wachsgelb, an der Luft ausgebreitet, wird es nach einigen Stunden zart Gold-
gelb
Entwicklung mit 2% Kaliumbichromat (Verfahren IV)
Resultat: Goldbraun

9   *Bärenklau*, Kraut, getrocknet, 100%
Färbeverfahren II
Vorbeize 15% Alaun
Resultat: mittleres Gelb

10   *Bärentraube*, getrocknet, 200%
Färbeverfahren II
Vorbeize 15% Alaun
Resultat: Gelb
Entwicklung mit 2% Eisensulfat (Verfahren IV)
Resultat: Olivgrün

11   *Bartflechte*, 300%
Färbeverfahren II
Vorbeize 15% Alaun
Resultat: zartes Goldgelb

12   *Baumflechte*, blau, 300%
Färbeverfahren II
Vorbeize 12% Alaun
Resultat: zartes Gelbbraun, kann durch Entwicklung mit 2% Kaliumbichromat vertieft
werden (Färbeverfahren IV)

13 *Berberitzen*, Sprossen, 300%
Färbeverfahren II
Vorbeize 6% Kupfersulfat
Resultat: Bräunlichgelb

14 *Berberitzen*, Wurzeln, 100%
Färbeverfahren I
Resultat: zartes Reingelb

15 *Besenginster*, 200%
Färbeverfahren II
Vorbeize 6% Kupfersulfat
Resultat: Moosgrün

16 *Besenginster*, 200%
Rezept Nr. 15 mit 6% Eisensulfat entwickelt (Verfahren IV)
Resultat: Graubraun

17 *Birkenblätter*, getrocknet, 200%
Färbeverfahren III
Zusatz zur Flotte 12% Alaun
Resultat: zartes Reingelb
Mit Färbeverfahren II statt III wird die Farbe vertieft

18 *Birkenblätter*, getrocknet, 200%
Färbeverfahren II
Vorbeize 15% Alaun
Resultat: Gelb
Entwicklung mit 4% Eisensulfat (Verfahren IV)
Resultat: Olivgrün

19 *Birkenblätter*, getrocknet, 200%
Färbeverfahren I
Resultat: Gelb
Entwicklung mit 4% Eisensulfat (Verfahren IV)
Resultat: Dunkelgrau

20   *Birkenrinde*, 300%
Färbeverfahren II
Vorbeize 12% Alaun
Resultat: lichtes Rotbraun

21   *Blauholz*, Späne, 10%
im Säcklein eingebunden 30 Minuten auskochen
Färbeverfahren V in 2 Stufen
Vorbeize 15% Alaun
Resultat: kräftiges Blauviolett

22   *Blauholz*, Späne, 10%
im Säcklein eingebunden 30 Minuten auskochen
Färbeverfahren V in 2 Stufen
Vorbeize 3% Kaliumbichromat
Resultat: dunkles Taubenblau
(Eine Nachfärbung mit frischer Wolle ergibt Silbergrau)

23   *Blauholz*, Späne, 8%
im Säcklein eingebunden 15 Minuten auskochen
Färbeverfahren II
Vorbeize 3% Kaliumbichromat
Entwicklung 5% Querzitron (Verfahren IV)
Resultat: Dunkelgrün

24   *Blutpflaume*, Blätter, getrocknet, 200%
Färbeverfahren II
Vorbeize 15% Alaun
Resultat: Grün

25   *Brombeerblätter*, getrocknet, 200%
Färbeverfahren II
Vorbeize 15% Alaun
Resultat: Gelb

26   *Brombeerblätter*, getrocknet, 200%
Rezept Nr. 25 mit 2% Eisensulfat entwickelt (Verfahren IV)
Resultat: lichtes Moosgrün

27 *Cochenille* (tierische Farbe) siehe Seiten 69 und 70
Grundrezept

Vorbereitung: 40% Cochenillepulver, 20% Weinsteinpulver
in Stoffsack einbinden und in kaltem Wasser einweichen (Glas-, Steingut-, oder Email-
gefäss). Von Zeit zu Zeit durchkneten, damit das Pulver gleichmässig durchnässt wird.
Am nächsten Tag in der Färbpfanne das Säcklein im Einweichwasser 15 Minuten kochen.
Schaum abschöpfen, Schmutzrand abwischen.

Färben: Die Abkochbrühe mit frischem Wasser zur Färbflotte ergänzen. 0,5% Zinnchlorid beifügen, etwas Wollwaschmittel oder etwas Türkischrotöl zugeben als Egali-
sierungsmittel, da Cochenille gerne fleckig aufzieht. Die angefeuchtete, ungebeizte Rohwolle in die Flotte legen und 1 Stunde kochen. Sorgfältig bewegen, damit sich der Pulver-
sack nicht immer an der gleichen Stelle befindet (keine Drehbewegungen).
Nach einer Stunde Wolle herausnehmen, ausflotten, waschen, klarspülen mit Zusatz
von Essig.

Resultat: leuchtendes Rot.
Das Cochenillebad kann für Nachfärbungen gebraucht werden. Der Ton neigt dann zu
Violett, kann aber mit einer kleinen Zugabe von Zinnchlorid wieder ins Rot überge-
führt werden.
Probieren Sie auch eine Vorbeize mit Kaliumbichromat oder Alaun oder mit einem
Zusatz von 10% Krapp. Cochenillefärbungen lassen sich durch verschiedenste Mengen-
verhältnisse der Zutaten von Kardinalrot bis Orangerot variieren.

28 *Cudbear*, Flechtenpräparat, 20%
im Säcklein eingebunden 15 Minuten auskochen
Färbeverfahren V, drei Stufen von je 20 Minuten
Vorbeize 15% Alaun
Zusatz zur Flotte { 6% Weinstein
6% Glaubersalz
Resultat: Rotviolett

29 *Ebenholz*, Sägemehl, 100%
eingebunden 45 Minuten auskochen
Färbeverfahren II
Vorbeize 6% Kupfersulfat
Resultat: kräftiges Gelbbraun

30 *Ebereschenrinde*, 400%
Färbeverfahren II
Vorbeize 15% Alaun
Resultat: Rotbraun

31 *Ebereschenrinde*, 400%
Färbeverfahren IV
Rezept Nr. 30 mit 6% Eisensulfat entwickelt (Verfahren IV)
Resultat: Rötlichgrau

32 *Edelkastanienblätter*, getrocknet, 100%
Färbeverfahren II
Vorbeize 3% Kaliumbichromat
Resultat: Oliv
Entwicklung mit 2% Eisensulfat (Verfahren IV)
Resultat: Dunkelgrün

33 *Edelkastanienblätter*, getrocknet, 100%
Färbeverfahren II
Vorbeize 6% Kupfersulfat
Resultat: Gelbbraun
Entwicklung mit 2% Eisensulfat (Verfahren IV)
Resultat: Dunkelbraun

34 *Edelkastanienblätter*, getrocknet, 100%
Färbeverfahren I
Resultat: Hellbraun
Entwicklung mit 2% Eisensulfat (Verfahren IV)
Resultat: dunkles Rotgrau

35 *Eibischkraut*, 300%
Färbeverfahren II
Vorbeize 3% Kaliumbichromat
Resultat: Grün

36 *Erika*, Kraut, getrocknet, 200%
Färbeverfahren II

Vorbeize 15% Alaun
Resultat: Dottergelb
Noch zwei Nachfärbungen mit frischer, vorgebeizter Wolle in der Restflotte möglich

37   *Erlenblätter*, getrocknet, 100%
Färbeverfahren II
Vorbeize 15% Alaun
Resultat: Grüngelb

38   *Erlenblätter*, getrocknet, 200%
Färbeverfahren II
Vorbeize 6% Kupfersulfat
Resultat: kräftiges Braun

39   *Erlenrinde*, 200%
Färbeverfahren II
Vorbeize 6% Kupfersulfat
Resultat: Schwarzbraun
Eine kräftige Nachfärbung in der Restflotte möglich mit frischer, vorgebeizter Wolle

40   *Erlenrinde*, getrocknet, 200%
Färbeverfahren II
Vorbeize 15% Alaun
Resultat: Mittelbraun
Entwicklung mit 3% Eisensulfat (Verfahren IV)
Resultat: dunkles Graubraun
Man kann auch ohne Vorbeize nach Verfahren I färben

41   *Espenlaub*, getrocknet, 200%
Färbeverfahren II
Vorbeize 15% Alaun
Resultat: Grüngelb

42   *Eukalyptuszweige*, 200%
Färbeverfahren II
Vorbeize 12% Alaun
Resultat: Orangegelb

43 *Färberscharte*, getrocknet, 100%
Färbeverfahren II
Vorbeize 15% Alaun
Resultat: Reingelb

44 *Färberginster*, getrocknet, 100%
Färbeverfahren II
Vorbeize $\left\{\begin{array}{l} 20\% \text{ Alaun} \\ 5\% \text{ Weinstein} \end{array}\right.$
Resultat: Gelb

45 *Fichtenzweige*, 400%
Färbeverfahren I
Resultat: zartes Rötlichbraun

46 *Fichtenzweige*, 400%
Färbeverfahren II
Vorbeize 5% Kupfersulfat
Resultat: mittleres Braun

47 *Fichtenzapfen*, feucht und saftig, 800%
Färbeverfahren III
Zusatz zur Flotte 15% Alaun
Resultat: rötliches Grau

48 *Flohknöterich*, getrocknet, 100%
Färbeverfahren II
Vorbeize 15% Alaun
Resultat: mittleres Gelb

49 *Flohknöterich*, getrocknet, 100%
Färbeverfahren II
Vorbeize 6% Kupfersulfat
Resultat: Gelbbraun

50 *Flohknöterich*, getrocknet, 100%
Färbeverfahren II

Vorbeize 3% Kaliumbichromat
Resultat: Grün

51 *Frauenmänteli*, getrocknet, 100%
Färbeverfahren II
Vorbeize 15% Alaun
Resultat: kräftiges Gelb
Entwicklung mit 4% Eisensulfat (Verfahren IV)
Resultat: Moosgrün
Eine Nachfärbung in der Restflotte mit frischer, vorgebeizter Wolle ergibt Lindengrün

52 *Galläpfel*, pulverisiert, 4%
eingebunden mit 2% Weinstein 15 Minuten auskochen
Färbeverfahren I
Resultat: zartes Beigegrau
Entwicklung mit 3% Eisensulfat (Verfahren IV)
Resultat: dunkles Violettgrau

53 *Goldrute*, Kraut, getrocknet, 100%
Färbeverfahren II
Vorbeize 15% Alaun
Resultat: Goldgelb
Entwicklung mit 3% Eisensulfat (Verfahren IV)
Resultat: Dunkelgrün

54 *Goldrute*, Kraut, getrocknet, 100%
Färbeverfahren II
Vorbeize 6% Kupfersulfat
Resultat: Olivbraun
Entwicklung mit 3% Eisensulfat (Verfahren IV)
Resultat: Dunkelgrün

55 *Goldrute*, Kraut, getrocknet, 100%
Färbeverfahren II
Vorbeize 2% Kaliumbichromat
Resultat: Bronzebraun
Entwicklung mit 3% Eisensulfat (Verfahren IV)
Resultat: Dunkelgrün

56 *Haselnussblätter*, getrocknet, 200%
Färbeverfahren II
Vorbeize 3% Kaliumbichromat
Resultat: Gelbbraun

57 *Heidelbeerstauden*, getrocknet, 200%
Färbeverfahren II
Vorbeize 12% Alaun
Resultat: Goldgelb

58 *Heidelbeerstauden*, getrocknet, 200%
Färbeverfahren IV
Rezept Nr. 57 entwickelt mit 4% Eisensulfat (Verfahren IV)
Resultat: Moosgrün

59 *Henna*, pulverisiert, 100%
Färbeverfahren I
Resultat: Rotbraun
Nachfarbe auf 15% Alaunvorbeize
Resultat: Orange

60 *Himbeerblätter*, getrocknet, 200%
Färbeverfahren II
Vorbeize 15% Alaun
Resultat: Gelb

61 *Himbeerblätter*, getrocknet, 200%
Färbeverfahren IV
Rezept Nr. 59
Mit 2% Eisensulfat entwickelt (Verfahren IV)
Resultat: lichtes Moosgrün

62 *Indigo*, siehe Seiten 71 bis 80

63 *Johanniskraut*, getrocknet, 100%
Färbeverfahren II
Vorbeize 15% Alaun

Resultat: Grüngelb
Mit 2% Eisensulfat entwickelt (Verfahren IV)
Resultat: Goldgrün

64 *Isländisch Moos*, 300%
Färbeverfahren I
Resultat: Wachsgelb

65 *Isländisch Moos*, 200%
Färbeverfahren II
Vorbeize 3% Kaliumbichromat
Resultat: Gelbbraun

66 *Isländisch Moos*, 300%
Färbeverfahren II
Vorbeize 15% Alaun
Resultat: Gelb
Entwicklung mit 4% Eisensulfat (Verfahren IV)
Resultat: Moosgrün

67 *Judendorn*, Wurzelrinde, 100%
Färbeverfahren II
Vorbeize 15% Alaun
Resultat: kräftiges Orange

68 *Kirschbaumrinde*, 100%
Färbeverfahren I
Resultat: zartes Rötlichbraun
Entwicklung mit 4% Eisensulfat (Verfahren IV)
Resultat: Mausgrau

69 *Kirschbaumrinde*, 100%
Färbeverfahren II
Vorbeize 15% Alaun
Resultat: zartes Goldbraun
Entwicklung mit 4% Eisensulfat (Verfahren IV)
Resultat: helles Graubeige

70   *Kirschbaumrinde*, 100%
Färbeverfahren II
Vorbeize 6% Kupfersulfat
Resultat: kräftiges Goldbraun
Entwicklung mit 4% Eisensulfat (Verfahren IV)
Resultat: Dunkelbraun

71   *Kirschbaumrinde*, 100%
Färbeverfahren II
Vorbeize 3% Kaliumbichromat
Resultat: Gelbbraun
Entwicklung mit 4% Eisensulfat (Verfahren IV)
Resultat: dunkles Gelbbraun

72   *Kokosfasern*, 50%
Färbeverfahren I
Resultat: zartes Altrosa

73   *Kokosfasern*, 50%
Färbeverfahren II
Vorbeize 15% Alaun
Resultat: Orange

74   *Kokosfasern*, 50%
Färbeverfahren II
Vorbeize 6% Kupfersulfat
Resultat: Rotbraun

75   *Kokosfasern*, 50%
Färbeverfahren II
Vorbeize 3% Kaliumbichromat
Resultat: Kupferrot

Krappwurzeln
Krappwurzeln, feingeschnitten oder pulverisiert, können vielseitig verwendet werden. Krapp ist eine Mittelmeerpflanze, kann aber auch bei uns kultiviert werden. Man nimmt die Wurzeln im dritten Jahr und lässt sie ein Jahr trocknen. Die verschiedenen Färbe-

verfahren und das Variieren mit dem Entwicklungsverfahren geben eine reiche Palette von Orange über Ziegelrot und Blutrot bis Rotbraun. Um reibechte Färbungen zu erhalten, müssen Pulver oder Späne im Stoffsack locker eingebunden werden. Man lässt den Sack einen Tag im kalten Wasser weichen. Die Flotten sind fleissig zu bewegen, damit die herausquellende Farbe möglichst gleichmässig aufziehen kann. Klares Rot erhält man, wenn die alaun/weinsteingebeizte Wolle vor dem Färben gespült wird. Die Färbetemperatur darf 80°C nicht übersteigen. Erst die Nachfarben, von denen zwei bis drei möglich sind, sollen gekocht werden. Klare Gelbfärbungen (Apfelbaumrinde, Birkenblätter, Tagetesblüten u.a.) können mit Krapp zu leuchtendem Orange überfärbt werden. Aus der Vielfalt der Möglichkeiten folgen acht Beispiele, die zu weiteren Versuchen ermuntern sollen.

76 *Krappwurzeln*, 100%
Färbeverfahren II
Vorbeize { 15% Alaun
{ 6% Weinstein
Färbbad 1 Stunde zwischen 70 und 80°C halten
Resultat: klares Krapprot
Entwicklung (kochend) mit 4% Eisensulfat (Verfahren IV)
Resultat: mattes Kupferrot

77 *Krappwurzeln*, 100%
Färbeverfahren II
Vorbeize 6% Kupfersulfat
Resultat: Rotbraun
Entwicklung mit 4% Eisensulfat (Verfahren IV)
Resultat: Schokoladenbraun

78 *Krappwurzeln*, 100%
Färbeverfahren II
Vorbeize 3% Kaliumbichromat
Resultat: leuchtendes Kupferrot
Entwicklung mit 4% Eisensulfat (Verfahren IV)
Resultat: tiefes Kupferrot

79 *Krappwurzeln*, 80%
Färbeverfahren II

Vorbeize $\begin{cases} 15\% \text{ Alaun} \\ 4\% \text{ Weinstein} \end{cases}$
Resultat: bräunliches Krapprot
Entwicklung mit 2% Zinnchlorid (Verfahren IV)
Resultat: Gelborange

80 *Labkrautwurzel*
gleiche Färbungen wie bei Krappwurzel, es braucht aber die drei- bis vierfache Menge
an Färbmaterial.

81 *Lärchenflechte*, 200%
Färbeverfahren V in zwei Stufen
Vorbeize 15% Alaun
Resultat: leuchtendes Schwefelgelb

82 *Lärchenflechte*, 200%
Färbeverfahren V in zwei Stufen
Vorbeize 5% Kupfersulfat
Resultat: Lindengrün

83 *Lärchennadeln*, 300%
Färbeverfahren II
Vorbeize 15% Alaun
Resultat: zartes Gelborange

84 *Mahagoniholz*, Sägemehl, 100%
Färbeverfahren II
Vorbeize 3% Kaliumbichromat
Resultat: Rehbraun

85 *Maiglöckleinblätter*, getrocknet, 200%
Färbeverfahren II
Vorbeize $\begin{cases} 15\% \text{ Alaun} \\ 4\% \text{ Weinstein} \end{cases}$
Resultat: zartes Orangegelb

86 *Malvenblüten*, violett, getrocknet, 100%
Färbeverfahren II
Vorbeize 3% Kaliumbichromat
Resultat: dunkles Grün

87 *Milchlattich*, Kraut, getrocknet, 100%
Färbeverfahren II
Vorbeize 15% Alaun
Resultat: Wachsgelb
Entwicklung mit 4% Eisensulfat (Verfahren IV)
Resultat: Graugrün

88 *Milchlattich*, Kraut, getrocknet, 100%
Färbeverfahren II
Vorbeize 3% Kaliumbichromat
Resultat: Bronzegelb
Entwicklung mit 4% Eisensulfat (Verfahren IV)
Resultat: kräftiges Moosgrün

89 *Palisanderholz*, Späne, 200%
Färbeverfahren II
Vorbeize 15% Alaun
Resultat: helles Rotbraun

90 *Palisanderholz*, Späne, 200%
Färbeverfahren II
Vorbeize 2% Kaliumbichromat
Resultat: Rehbraun

91 *Porst* (Gagel), Stauden, getrocknet, 200%
Färbeverfahren II
Vorbeize 15% Alaun
Resultat: Gelb

92 *Querzitron*, Rindenextrakt, pulverisiert, 4%
Färbeverfahren V in zwei Stufen
Vorbeize 15% Alaun
Resultat: kräftiges Messinggelb

93   *Querzitron – Cochenille*, pulverisiert, je 5%
im Säcklein eingebunden 15 Minuten auskochen
Verfahren III

Zusatz zur Flotte:
$\begin{cases} 3\% \text{ Weinsteinpulver} \\ 3\% \text{ Zinnchlorid} \\ \text{Farbpulversäcklein} \\ \text{etwas Feinwaschmittel oder Türkischrotöl} \end{cases}$

Wolle vor dem Färben gut anfeuchten und in der Flotte bewegen, damit die beiden
Farbstoffe regelmässig aufziehen.
Resultat: leuchtendes Orange

94   *Rainfarn*, Kraut, getrocknet, 200%
Färbeverfahren II
Vorbeize 12% Alaun
Resultat: Grüngelb
Entwicklung mit 3% Eisensulfat (Verfahren IV)
Resultat: Dunkelgrün

95   *Rentierflechte*, 200%
Färbeverfahren II
Vorbeize 6% Kupfersulfat
Resultat: Grün

96   *Rentierflechte*, 200%
Färbeverfahren I
Resultat: Wachsgelb
Entwicklung mit 2% Kaliumbichromat (Verfahren IV)
Resultat: Gelbbraun

97   *Rosskastanien*, Blätter, getrocknet, 100%
Färbeverfahren II
Vorbeize 15% Alaun
Resultat: Dottergelb
Entwicklung mit 2% Eisensulfat (Verfahren IV)
Resultat: Lindengrün

98 *Rosskastanien*, Blätter, getrocknet, 100%
Färbeverfahren II
Vorbeize 5% Kupfersulfat
Resultat: Braun
Entwicklung mit 2% Eisensulfat (Verfahren IV)
Resultat: dunkles Moosgrün

99 *Rosskastanien*, Blätter, getrocknet, 100%
Färbeverfahren II
Vorbeize 2% Kaliumbichromat
Resultat: Goldgrün

100 *Rosskastanien*, Blätter, getrocknet, 100%
Färbeverfahren I
Resultat: Gelbgrau
Entwicklung mit 2% Eisensulfat (Verfahren IV)
Resultat: Mausgrau

101 *Rotholz*, Späne, 10%
eingebunden 15 Minuten ausgekocht
Färbeverfahren V in drei Stufen zu je 25 Minuten
Vorbeize 3% Kaliumbichromat
Resultat: Blauviolett

102 *Rotholz*, Späne, 10%
eingebunden 15 Minuten ausgekocht
Färbeverfahren V in drei Stufen zu je 25 Minuten
Vorbeize 6% Kupfersulfat
Resultat: Kupferrotbraun

103 *Rotholz*, Späne, 10%
eingebunden 15 Minuten ausgekocht
Färbeverfahren V in drei Stufen zu je 25 Minuten
Vorbeize 15% Alaun
Resultat: zartes Rot

104 *Sandelholz*, Späne, 30%
Färbeverfahren V in zwei Stufen

Vorbeize $\begin{cases} 15\% \text{ Alaun} \\ 6\% \text{ Weinstein} \end{cases}$

Resultat: Rosa

105 *Sauerampfer*, Kraut, getrocknet, 100%
Färbeverfahren II
Vorbeize 3% Kaliumbichromat
Resultat: Bronzegelb
Nachfarbe auf gleicher Vorbeize mit 2% Eisensulfat entwickelt
Resultat: Gelbbraun

106 *Sauerampfer*, Kraut, getrocknet, 200%
Färbeverfahren III
Zusatz zur Flotte 10% Alaun
Resultat: Gelb

107 *Schachtelhalm*, Kraut, getrocknet, 200%
Färbeverfahren II
Vorbeize 15% Alaun
Resultat: zartes Gelb

Entwicklung mit $\begin{cases} 3\% \text{ Galläpfel} \\ 1\% \text{ Eisensulfat} \end{cases}$

Resultat: Mausgrau

108 *Schachtelhalm*, Kraut, getrocknet, 300%
Färbeverfahren III

Zusatz zur Flotte $\begin{cases} 2\% \text{ Galläpfel} \\ 0,5\% \text{ Weinstein} \end{cases}$

Resultat: helles Rötlichgrau
Entwicklung mit 1% Eisensulfat (Verfahren IV)
Resultat: dunkles Grauviolett

109 *Schafgarben*, blühendes Kraut, getrocknet, 200%
Färbeverfahren II
Vorbeize 12% Alaun

Resultat: Gelb
Restflottenmischung Krapp/Schafgarbe ergibt schönes Orange

110   *Schlüsselblumen*, getrocknet, 100%
Färbeverfahren V in zwei Stufen
Vorbeize ⎰ 20% Alaun
⎱ 5% Weinstein
Resultat: klares Gelb

111   *Schöllkraut*, Kraut, getrocknet, 100%
Färbeverfahren II
Vorbeize 15% Alaun
Resultat: zartes Orangegelb
Entwicklung mit 2% Eisensulfat (Verfahren IV)
Resultat: Grüngrau

112   *Schöllkraut*, Kraut, getrocknet, 100%
Färbeverfahren II
Vorbeize 6% Kupfersulfat
Resultat: helles Gelbbraun
Entwicklung mit 2% Eisensulfat (Verfahren IV)
Resultat: dunkles Graubraun

113   *Schwarzdorn* (Schlehe), Rinde, 300%
Färbeverfahren I
Resultat: helles Rötlichbraun

114   *Schwarzdorn* (Schlehe), Rinde, 200%
Färbeverfahren II
Vorbeize 15% Alaun
Resultat: kräftiges Rotbraun

115   *Schwarzflechte*, 50%
Färbeverfahren II
Vorbeize 15% Alaun
Resultat: zartes Grüngelb

116 *Silbermänteli*, getrocknet, 100%
siehe Rezept Nr. 51 (Frauenmänteli)

117 *Silberpappel*, Rinde, 200%
Färbeverfahren II
Vorbeize 15% Alaun
Resultat: zartes Rötlichbraun

118 *Silberpappel*, Rinde, 200%
Färbeverfahren II
Vorbeize 5% Kupfersulfat
Resultat: helles Rehbraun

119 *Sonnenblumen*, Blütenblätter, getrocknet, 50%
Färbeverfahren V in zwei Stufen
Vorbeize 15% Alaun
Resultat: leuchtendes Gelborange
Es sind zwei Nachfarben möglich auf gleicher Vorbeize
Die Farbe wird klarer, wenn die gebeizte Wolle vor dem Färben gespült wird

120 *Spinat*, Blätter, frisch, 500%
Färbeverfahren V in zwei Stufen
Vorbeize 15% Alaun
Resultat: leuchtendes Messinggelb
Versuch mit Kaliumbichromatvorbeize lohnend!

121 *Steinschüsselflechte*, 300%
(wächst auf Granit und wird am besten nach einem Regen abgeschabt)
Färbeverfahren I
Resultat: mittleres Braun
Entwicklung mit 1% Eisensulfat (Verfahren IV)
Resultat: kräftiges Dunkelbraun
Nachfarbe mit 2% Kaliumbichromatvorbeize, Verfahren II
Resultat: Rotbraun

122 *Tagetes*, Blütenblätter, getrocknet, 200%
(die Farbe wird reiner, wenn die Kelche nicht mitgekocht werden)
Färbeverfahren V in zwei Stufen

Vorbeize 15% Alaun
Resultat: leuchtendes Orangegelb
Entwicklung mit 6% Eisensulfat (Verfahren IV)
Resultat: kräftiges Lindengrün
Nachfarbe auf gleicher Basis möglich

123   *Tagetes*, Blütenblätter, getrocknet, 100%
(in verzinkter Eisenpfanne)
Färbeverfahren II
Vorbeize $\left\{ \begin{array}{l} 15\% \text{ Alaun} \\ 6\% \text{ Weinstein} \end{array} \right.$
Resultat: goldschimmerndes Grün

124   *Tagetes*, Blütenblätter, getrocknet, 100%
Färbeverfahren V in zwei Stufen
Vorbeize 2% Kaliumbichromat
Resultat: Bronzebraun
Nachfarbe auf gleicher Basis möglich

125   *Tormentill*, Wurzel, getrocknet, 100%
Färbeverfahren II
Vorbeize 15% Alaun
Resultat: Beigebraun

126   *Tormentill*, Wurzel, getrocknet, 100%
Färbeverfahren II
Vorbeize 6% Kupfersulfat
Resultat: Goldbraun

127   *Traubenkirsche*, Rinde, 200%
Färbeverfahren I
Resultat: kräftiges Braun
Nachfarbe mit 2% Kaliumbichromatvorbeize
Resultat: Rötlichbraun

128   *Walnuss*, Blätter, getrocknet, 200%
Färbeverfahren II

Vorbeize 15% Alaun
Resultat: Gelbgrün
Entwicklung mit 5% Kupfersulfat (Verfahren IV)
Resultat: Grünoliv

129   *Walnuss*, Blätter, getrocknet, 200%
Färbeverfahren II
Vorbeize 3% Kaliumbichromat
Resultat: Olivgrün

130   *Walnuss*, Blätter, getrocknet, 200%
Färbeverfahren II
Vorbeize 6% Kupfersulfat
Resultat: dunkles Rehbraun

131   *Walnuss*, Rinde, 200%
Färbeverfahren II
Vorbeize 15% Alaun
Resultat: bräunliches Gelb

132   *Walnuss*, Rinde, 400%
Färbeverfahren II
Vorbeize 2% Kaliumbichromat
Resultat: dunkles Kupferrot

Walnussschalen
Die grünen Schalen können vielseitig zum Färben verwendet werden. Man sollte sie nicht am Boden braun werden lassen, sondern sofort grün verwenden zu einer Kalt-färbung oder zu Färbungen nach Verfahren I oder II. Man kann die Schalen in einer Dörranlage auch sorgfältig trocknen. Sie sollten noch grün bleiben. Getrocknete Schalen geben etwas mattere, zu Grau neigende Braun.

133   *Walnuss*, Schalen, frisch, 1000% (1 kg Wolle/10 kg Schalen)
24 Stunden kalt einweichen
Färbeverfahren VI
schichtweise Wolle und Schalen einfüllen, Einweichwasser darüber giessen
72 Stunden stehenlassen

Wolle und Schalen wieder trennen
ausflotten, waschen, spülen
Resultat: kräftiges Rotbraun

134 *Walnuss*
Schalen und Wasser von Rezept Nr. 133
Färbeverfahren II
Vorbeize 5% Kupfersulfat
Resultat: dunkles Rehbraun

135 *Walnuss*, grüne Schalen, frisch, 300%
Färbeverfahren I
Resultat: Rotbraun

136 *Walnuss*, grüne Schalen, getrocknet, 100%
Färbeverfahren II
Vorbeize 2% Kaliumbichromat
Resultat: rötliches Graubraun

137 *Walnuss*, grüne Schalen, getrocknet, 100%
Färbeverfahren II
Vorbeize 15% Alaun
Resultat: helles Rotbraun

Man kann bei den Walnussschalen mit den verschiedensten Konzentrationen und Vorbeizen variieren, auch das Entwicklungsverfahren mit Metallsalzen anwenden, und erhält
eine ganze Skala haltbarer Braun.

Wau, Stauden, getrocknet, und Samen
Obwohl der Wau eine ausgesprochene Färberpflanze ist, sind die Farben auf Wolle
nicht sehr lichtecht. Dies trifft besonders für die Färbungen unter dem Kochpunkt zu,
die allerdings reiner werden als kochende Färbungen. Man sollte unbedingt das Stufen-
verfahren anwenden.

138 *Wau*, getrocknet, 100%
Färbeverfahren V, in zwei Stufen je 40 Minuten auf 90° halten

Vorbeize 15% Alaun
(gebeizte Wolle vor dem Färben spülen)
Resultat: ziemlich klares Gelb

139   *Weisstanne*, Rinde, 200%
Färbeverfahren II
Vorbeize 15% Alaun
Resultat: zartes Rotbraun
(auf Vorbeize 15% Alaun und 6% Weinstein wird die Farbe etwas heller, aber noch klarer)

140   *Zwetschge*, Rinde, 100%
Färbeverfahren I
Resultat: zartes Rötlichbraun
Entwicklung mit 4% Eisensulfat (Verfahren IV)
Resultat: Schwarz

141   *Zwetschge*, Rinde, 100%
Färbeverfahren II
Vorbeize 15% Alaun
Resultat: Orange

142   *Zwetschge*, Rinde, 100%
Färbeverfahren II
Vorbeize 6% Kupfersulfat
Resultat: Rehbraun
Entwicklung mit 4% Eisensulfat (Verfahren IV)
Resultat: Graubraun

143   *Zwetschge*, Rinde, 100%
Färbeverfahren II
Vorbeize 3% Kaliumbichromat
Resultat: Rötlichbraun
Entwicklung mit 4% Eisensulfat (Verfahren IV)
Resultat: Braungrau
Nachfarbe auf gleicher Basis möglich

144   *Zwiebel*, Schalen, 100%
Färbeverfahren V in zwei Stufen
Vorbeize 15% Alaun
Resultat: kräftiges Gelb

145   *Zwiebel*, Schalen, 100%
Färbeverfahren V in zwei Stufen
Vorbeize 3% Kaliumbichromat
Resultat: kräftiges Bronzebraun
Nachfarbe auf gleicher Basis möglich

FARBREGISTER

Rezept Nr.	Pflanze	Farbe
Gelb		
5	Apfelbaumrinde	kräftiges Goldgelb
8	Astflechte	Wachsgelb
9	Bärenklau	mittleres Gelb
10	Bärentraube	Gelb
11	Bartflechte	zartes Goldgelb
13	Berberitzen	bräunliches Gelb
14	Berberitzen	zartes Reingelb
17	Birkenblätter	zartes Gelb
18	Birkenblätter	Gelb
19	Birkenblätter	Gelb
25	Brombeerblätter	Gelb
36	Erika	Dottergelb
43	Färberscharte	Reingelb
44	Färberginster	Gelb
48	Flohknöterich	mittleres Gelb
51	Frauenmänteli	kräftiges Gelb
53	Goldrute	Goldgelb
57	Heidelbeerstauden	Goldgelb
60	Himbeerblätter	Gelb
64	Isländisch Moos	Wachsgelb
66	Isländisch Moos	Gelb
81	Lärchenflechte	leuchtendes Schwefelgelb
87	Milchlattich	Wachsgelb
88	Milchlattich	Bronzegelb
91	Porst	Gelb
92	Querzitron	kräftiges Messinggelb
96	Rentierflechte	Wachsgelb
97	Rosskastanienblätter	Dottergelb
105	Sauerampfer	Bronzegelb
106	Sauerampfer	Gelb
107	Schachtelhalm	zartes Gelb
109	Schafgarben	Gelb
110	Schlüsselblumen	klares Gelb
120	Spinat	leuchtendes Messinggelb
138	Wau	ziemlich klares Gelb
144	Zwiebel	kräftiges Gelb

Rezept Nr	Pflanze	Farbe
Grüngelb		
37	Erlenblätter	Grüngelb
41	Espenlaub	Grüngelb
63	Johanniskraut	Grüngelb
94	Rainfarn	Grüngelb
115	Schwarzflechte	zartes Grüngelb
128	Walnussblätter	Grüngelb
Oliv		
10	Bärentraube	Olivgrün
18	Birkenblätter	Olivgrün
32	Edelkastanienblätter	Oliv
54	Goldrute	Olivbraun
128	Walnussblätter	Grünoliv
129	Walnussblätter	Olivgrün
Gelbbraun		
2	Akazienrinde	mittleres Gelbbraun
6	Apfelbaumrinde	mittleres Bronzegelb
7	Apfelbaumrinde	kräftiges Bronzegelb
8	Astflechte	Goldbraun
12	Baumflechte	zartes Gelbbraun
29	Ebenholz	kräftiges Gelbbraun
33	Edelkastanienblätter	Gelbbraun
49	Flohknöterich	Gelbbraun
55	Goldrute	Bronzebraun
56	Haselnussblätter	Gelbbraun
65	Isländisch Moos	Gelbbraun
69	Kirschbaumrinde	zartes Goldbraun
70	Kirschbaumrinde	kräftiges Goldbraun
71	Kirschbaumrinde	Gelbbraun
88	Milchlattich	Bronzegelb
96	Rentierflechte	Bronzegelb
105	Sauerampfer	Gelbbraun
112	Schöllkraut	helles Gelbbraun
124	Tagetes	Bronzebraun

Rezept Nr.	Pflanze	Farbe
125	Tormentill	Beigebraun
126	Tormentill	Goldbraun
131	Walnussrinde	bräunliches Gelb
145	Zwiebel	kräftiges Bronzebraun

Reinbraun

4	Amerikanische Schwarznuss	kräftiges Dunkelbraun
33	Edelkastanienblätter	Dunkelbraun
34	Edelkastanienblätter	Hellbraun
38	Erlenblätter	kräftiges Braun
39	Erlenrinde	Schwarzbraun
40	Erlenrinde	Mittelbraun
46	Fichtenzweige	mittleres Braun
70	Kirschbaumrinde	Dunkelbraun
77	Krappwurzeln	Schokoladebraun
84	Mahagoniholz	Rehbraun
90	Palisanderholz	Rehbraun
98	Rosskastanienblätter	Braun
118	Silberpappel	helles Rehbraun
121	Steinschüsselflechte	mittleres Braun
121	Steinschüsselflechte	kräftiges Dunkelbraun
127	Traubenkirsche	kräftiges Braun
130	Walnussblätter	dunkles Rehbraun
134	Walnussschalen	dunkles Rehbraun
142	Zwetschgenbaumrinde	Rehbraun
143	Zwetschgenbaumrinde	Braungrau

Rotbraun

1	Akazienrinde	zartes Rotbraun
3	Amerikanische Schwarznuss	mittleres Rotbraun
20	Birkenrinde	lichtes Rotbraun
30	Ebereschenrinde	Rotbraun
45	Fichtenzweige	zartes Rötlichbraun
59	Henna	Rotbraun
68	Kirschbaumrinde	zartes Rötlichbraun
74	Kokosfasern	Rotbraun

Rezept Nr.	Pflanze	Farbe
77	Krappwurzeln	Rotbraun
89	Palisanderholz	helles Rotbraun
102	Rotholz	Kupferrotbraun
113	Schwarzdornrinde	helles Rötlichbraun
114	Schwarzdornrinde	kräftiges Rotbraun
117	Silberpappel	zartes Rötlichbraun
121	Steinschüsselflechte	Rotbraun
127	Traubenkirschenrinde	Rötlichbraun
133	Walnussschalen	kräftiges Rotbraun
135	Walnussschalen	Rotbraun
137	Walnussschalen	helles Rotbraun
139	Weisstanne	zartes Rotbraun
140	Zwetschgenbaumrinde	zartes Rötlichbraun
143	Zwetschgenbaumrinde	Rötlichbraun

Orange

42	Eukalyptuszweige	Orangegelb
59	Henna	Orange
67	Judendorn	kräftiges Orange
73	Kokosfasern	helles Orange
79	Krappwurzeln	Gelborange
83	Lärchennadeln	zartes Gelborange
85	Maiglöckleinblätter	zartes Gelborange
93	Querzitron-Cochenille	leuchtendes Orange
111	Schöllkraut	zartes Orangegelb
119	Sonnenblumen	leuchtendes Gelborange
122	Tagetes	leuchtendes Orangegelb
141	Zwetschgenbaumrinde	Orange

Siehe auch Kapitel «Mischungen und Überfärbungen» Seite 58

Rot

27	Cochenille (tierisch)	leuchtendes Rot
72	Kokosfasern	zartes Altrosa
75	Kokosfasern	Kupferrot
76	Krappwurzeln	klares Krapprot
76	Krappwurzeln	mattes Kupferrot

Rezept Nr.	Pflanze	Farbe
78	Krappwurzeln	leuchtendes Kupferrot
78	Krappwurzeln	tiefes Kupferrot
79	Krappwurzeln	bräunliches Krapprot
80	Labkrautwurzeln	verschiedene Rottönungen
103	Rotholz	zartes Rot
104	Sandelholz	Rosa
132	Walnussrinde	dunkles Kupferrot

Violett

21	Blauholzspäne	kräftiges Blauviolett
28	Cudbear	Rotviolett
52	Galläpfel	dunkles Violettgrau
101	Rotholz	Blauviolett
108	Schachtelhalm	dunkles Grauviolett

Violett erhält man auch als Nachfarben in der Cochenilleflotte, und schöne klare Violett erzeugt man durch Überfärbungen von roter Wolle mit Indigo oder umgekehrt. Cochenillerot eignet sich besser als Krapprot.
Beispiel: Cochenillerot aus Rezept Nr. 26 blau überfärbt in einer einprozentigen Indigoküpe, Resultat: kräftiges Violett

Blau

22	Blauholzspäne	Taubenblau

Indigofärbungen siehe Seiten 71 bis 80

Grün

15	Besenginster	Moosgrün
23	Blauholz-Querzitron	Dunkelgrün
24	Blutpflaume	Grün
26	Brombeerblätter	lichtes Moosgrün
32	Edelkastanienblätter	Dunkelgrün
35	Eibischkraut	Hellgrün
50	Flohknöterich	Grün
51	Frauenmänteli	Moosgrün
51	Frauenmänteli	Lindengrün
55	Goldrute	Dunkelgrün
58	Heidelbeerstauden	Moosgrün

Rezept Nr.	Pflanze	Farbe
61	Himbeerblätter	lichtes Moosgrün
63	Johanniskraut	Goldgrün
66	Isländisch Moos	Moosgrün
82	Lärchenflechten	Lindengrün
86	Malvenblüten	dunkles Grün
87	Milchlattich	Graugrün
88	Milchlattich	kräftiges Moosgrün
94	Rainfarn	Dunkelgrün
95	Rentierflechte	Grün
97	Rosskastanienblätter	Lindengrün
98	Rosskastanienblätter	dunkles Moosgrün
99	Rosskastanienblätter	Goldgrün
122	Tagetes	kräftiges Lindengrün
123	Tagetes	goldschimmerndes Grün

Überfärbungen von gelber Grundfarbe in der Indigoküpe kann man variieren vom lichten Gelbgrün über Flaschengrün bis zum dunklen Petrolgrün, je nachdem, wie kräftig die Grundfarbe gewählt wird und welche Küpenkonzentration man nimmt.

Grau

16	Besenginster	Graubraun
19	Birkenblätter	Dunkelgrau
22	Blauholzspäne	Silbergrau
31	Ebereschenrinde	Rötlichgrau
34	Edelkastanienblätter	dunkles Rotgrau
40	Erlenrinde	dunkles Graubraun
47	Fichtenzapfen	rötliches Grau
52	Galläpfel	dunkles Violettgrau
68	Kirschbaumrinde	Mausgrau
69	Kirschbaumrinde	helles Graubeige
87	Milchlattich	Graugrün
100	Rosskastanienblätter	Gelbgrau
100	Rosskastanienblätter	Mausgrau
107	Schachtelhalm	Mausgrau
108	Schachtelhalm	helles Rötlichgrau
108	Schachtelhalm	dunkles Grauviolett
111	Schöllkraut	Grüngrau

Rezept Nr.	Pflanze	Farbe
112	Schöllkraut	dunkles Graubraun
136	Walnussschalen	rötliches Graubraun
142	Zwetschgenbaumrinde	Graubraun
143	Zwetschgenbaumrinde	Braungrau

Schwarz

39	Erlenrinde	Schwarzbraun
140	Zwetschgenbaumrinde	Schwarz

Schwarz erhält man auch durch Überfärbung von Braun mit Blau. Man kann z. B. eine braune Rohwolle in einem Küpenbad mit Indigo überfärben oder Rezept Nr. 121 Steinschüsselflechte oder Nr. 70 Kirschbaumrinde als Grundlage nehmen und in einem 2prozentigen Küpenbad überfärben.

FÄRBPFLANZENVERZEICHNIS

Akazienrinde	Robinia pseudoacacia
Amerikanische Schwarznuss, Schalen	Juglans nigra
Apfelbaumrinde	Pyrus malus
Astflechte	Ramalina fraxinea, Ramalina farinacea, Ramalina pollinarius
Bärentraube, Triebe	Arctostaphylos uva-ursi
Bärenklau, Blätter	Heracleum
Bartflechte	Usnea barbata
Baumflechte	Parmelia physodes
Berberitzenwurzel	Berberis vulgaris
Berberitzensprossen	Berberis vulgaris
Besenginster, Triebe	Sarothamnus scoparius
Birkenblätter	Betula alba
Birkenrinde	Betula alba
Blauholzspäne	Lignum campechianum
Blutpflaume	Prunus cerasit nigra
Brombeerblätter	Rubus fructicosus
Cochenille, getrocknete Weibchen	Coccus cacti
Cudbear, Flechtenpräparat	Roccella tinctoria
Ebenholz, Rinde	
Ebereschen, Rinde	Sorbus aucuparia
Edelkastanienblätter	Castanea sativa
Eibischkraut	Hibiscus
Erika, frische Triebe	Calluna vulgaris
Erlenblätter	Alnus incana, Alnus viridis, Alnus glutinosa
Erlenrinde	dito
Espenlaub	Populus tremula
Eukalyptuszweige	Eucalyptus
Färberginster	Genista tinctoria
Färberscharte	Serratula tinctoria
Faulbaumrinde	Rhamnus frangula
Fichtenzweige (Rottanne)	Picea abies
Fichtenzapfen	Picea abies
Flohknöterich	Polygonium persicaria
Frauenmantel	Alchemilla vulgaris
Galläpfel	Zoozezidien

Goldrute	Solidago
Haselnussblätter	Corylus avellana
Heidelbeerblätter und -schosse	Vaccinium myrtillas
Henna = Alkannawurzel =	
Ochsenzunge	Anchusa tinctoria
Himbeerblätter	Rubus idacus
Indigoblätter	Indigofera tinctoria
Johanniskraut	Hypericum perforatum
Isländisch Moos	Cetraria islandica
Kirschbaumrinde	Prunus padus
Kokosfasern	Cocos nucifera
Krappwurzel	Rubia tinctoria
Labkrautwurzel	Galium mollugo, Galium verum, Galium boreale
Lärchenflechte	Letharia vulpina
Lärchennadeln	Pinus larix
Loorbeerweide	Salix pentandra
Maclura, Wurzelrinde, Gelbholz	Maclura tinctoria, Chlorophora tinctoria
Mahagoniholz	Swietenia mahagoni
Maiglöckchenblätter	Convallaria majalis
Malvenblüten	Malva silvestris
Milchlattichkraut	Cicerbita
Ochsenzunge, Wurzelrinde	Alkanna, Anchusa tinctoria
Palisanderholz	Jacaranda brasiliana
Porst	Myrica gale
Querzitron	Cortex quercus tinctoria
Rainfarn	Tanacetum vulgare
Rentierflechte	Cladonia
Rosskastanienblätter	Aesculus carnea, Aesculus hypocastanum
Rosskastanienschalen	Aesculus hypocastanum
Rotholz	Caesalpinia brasilensis
Safflor (Bastardsaffran)	Carthamus tinctoria
Sandelholz	Pterocarpus santalinus
Sauerampfer	Rumex acetosa
Schachtelhalm	Equisetum arvense, Equisetum pratense, Equisetum sylvaticum
Schafgarbenkraut	Achillea millefolium

Schlüsselblumen	Primula elatior
Schöllkraut, Wurzel und Kraut	Chelidonium majus
Schwarzdorn	Prunus spinosa
Schwarzflechte	Bryopogon jubatum
Silbermantel	Alchemilla alpina
Silberpappel	Populus alba
Sonnenblumen, Blütenblätter	Helianthus
Spinat	Spinacia oleracea
Steinschüsselflechte	Parmelia saxatilis, Parmelia omphalores
Tagetesblüten	
Tormentillwurzel	Potentilla tormentilla
Traubenkirsche	Prunus padus
Waid	Isatis tinctoria
Walnussblätter	Juglans regia
Walnussrinde	dito
Walnussschalen, grün	dito
Wau	Reseda luteola
Weisstannenrinde	Abies alba
Zwetschgenrinde	Prunus domestica
Zwiebel, Schalen	Allium sativum

FÄRBPFLANZENATLAS

Akazie

Apfelbaum

Bärentrauben

Bärenklau

Berberitze

Besenginster

Brombeere

Eberesche, Wilde Vogelbeere

Heidekraut, Erika

Färberscharte

Färberginster

Faulbaum

Flohknöterich

Frauenmantel

Sumpfporst

Goldrute

Heidelbeere

Himbeere

Johanniskraut

Kirsche

Traubenkirsche

Echtes Labkraut

Wiesen-Labkraut

Maiglöckchen

Wilde Malve

Rainfarn

Sauerampfer

Schlüsselblume

Schafgarbe

Schöllkraut

Schwarzdorn

Fingerkraut, Tormentillwurzel

Färber-Waid

Wau

Chemische Bezeichnung der Färbereihilfsmittel

Alaun	$KAl(SO_4)_2 + 12H_2O$
Ammoniak	NH_3
Eisensulfat	$FeSO_4 + 7H_2O$
Hydrosulfit (Natriumdithionit)	$Na_2S_2O_4$
Kaliumbichromat	$K_2Cr_2O_7$
Kupfersulfat	$CuSO_4 + 5H_2O$
Natronlauge	$NaOH$
Phenolphthalein	
Weinstein (Kalium Bitartaricum)	$KCO_2 (CHOH)_2 CO_2H$
Zinnchlorid	$SnCl_2$

Literaturverzeichnis

Abele Ulf, Vergleichende Untersuchungen zum konventionellen und biolog.-dynam. Pflanzenbau. Dissert. Giessen 1973.
Adrosko Rita J., Natural Dyes and Home Dyeing. New York 1971.
Aichele Dietmar, Was blüht denn da? In Farbe. Kosmos-Gesellschaft der Naturfreunde. Stuttgart 1973.
Bächi Erna, Petit guide de la teinture aux plantes. 1974.
Barth von Wehrenalp E., Farbe aus Kohle. Kosmos-Gesellschaft der Naturfreunde. Stuttgart 1937.
Bayer, Farben-Revue. Aus der Geschichte der Färberei. 1964/1973.
Bolton Eileen M., Lichens for Vegetable Dyeing. London 1960.
Boos-Hamburger Hilde, Die schöpferische Kraft der Farbe. Basel 1942.
Brooklyn Botanic Garden, Dye Plants and Dyeing – a Handbook. New York 11225 1964.
Davidson Mary Frances, The Dye-Pot. Gatlinburg. Tennessee 1971.
Friedmann Fritz, Kleine Textilkunde. Frauenfeld 1946.
Gardi René, Unter afrikanischen Handwerkern. Wabern-Bern 1969.
Goethe Joh. W., Zur Farbenlehre. Didaktischer Teil. München 1963.
Goethe Joh. W., Geschichte der Farbenlehre. 1. und 2. Teil. München 1963.
Hauck Hedwig, Handarbeit – Kunstgewerbe. Stuttgart 1961.
Hauschka Margarethe Dr., Zur künstlerischen Therapie. Boll über Göppingen 1971.
Hentschel Kurt, Wir färben mit Pflanzen. Frankfurt am Main 1949.
Hornberger Theod., Der Schäfer. Stuttgart 1955.
Johnston + Bacon, The Scottish Clans and their Tartans. Edinburgh 1968.
Issler Nic., Zucht und Haltung des Schafes. Zollikofen 1970.
Koch Elisabeth, Beiträge zur methodischen Schulung des Farberlebens. Grossbritannien 1972.
Leechman Douglas, Vegetable Dyes from North American Plants. Toronto 1969.
Lemberg Mechthild/Schmedding, Brigitta, Abegg-Stiftung Bern in Riggisberg, Textilien. Schweizer Heimatbücher 173/174. Bern 1973.
Lesch Alma, Vegetable Dyeing. New York 1969.
Lichtwark Alfred, Die Erziehung des Farbensinnes. Berlin 1914.
Linder Alfred, Spinnen und Weben, einst und jetzt. Luzern 1967.
Lonning Sunniva, Plantefarging. Oslo 1970.
Meyer-Heisig Erich, Weberei Nadelwerk Zeugdruck. München 1956.
Milhofer Stefan A., Die Teppiche Zentralasiens. Hannover 1968.
NanKivell Joice M., Prosporion – Uranopolous, Rugs and Dyes. Istanbul 1964.
Navajo native Dyes, Their Preparation and Use. USA 1940.
Oling-Jellinek Elisabeth, Vom Wesen der Farbe in der Eurythmie und Malerei Rudolf Steiners. Dornach 1972.
Pelikan Wilhelm, Heilpflanzenkunde I und II. Dornach 1962.
Ploss Emil Ernst, Ein Buch von alten Farben. München 1967.
Sandberg Gösta, Växt-färgning. Stockholm 1967.
Schultz Joachim, Rhythmen der Sterne. Dornach 1963.
Schüpbach Werner, Die Entwicklung des Farbensinnes und des Farberlebens des Menschen. Bern 1969.
Schwintzer Ida, Das Milchschaf. Stuttgart 1967.
Simonis Werner Christian, Wolle und Seide. Stuttgart 1973.
Spränger Emil, Färbbuch, Grundlagen der Pflanzenfärberei auf Wolle. Zürich 1969.
Steffen Albert, Geisterwachen im Farben-Erleben. Dornach 1968.
Steiner Rudolf, Das Wesen der Farben. Dornach 1973.
Talier, Arte di Tingere. Venedig 1798.
Thurstan Violetta, The Use of Vegetable Dyes. Northgates, Leicester 1972.
Whipple Pope, Processes in Dyeing. Boston, Massachusetts 1969.
Worst Edward F., Dyes and Dyeing. Pacific Grove, California 1970.

Die guten Bücher für Freizeit und Werkzeit

Erna Bächi-Nussbaumer

So färbt man mit Pflanzen

Ein Werkbuch zum Färben von Schafwolle mit vielen praktischen Hinweisen, Rezepten, Abbildungen, einem Pflanzen-atlas und einem Lehrgang zum Karden und Spinnen.
160 Seiten mit 30 farbigen und 46 schwarz/weissen Abbildungen, gebunden

Prof. Dr. Robert Koch

Louis C. Tiffany und seine Glaskunst

Das Buch bietet einen umfassenden Einblick in das Schaffen des amerikanischen Künstlers und zeigt seine besten Werke aus öffentlichem und privatem Besitz.
176 Seiten mit 16 farbigen und 96 schwarz/weissen Abbildungen, gebunden

Marga und Heribert Joliet-van den Berg

Brettchenweben

Eine Anleitung zum Bänderweben mit vielen Beispielen textiler Strukturen aus Vergangenheit und Gegenwart.
179 Seiten mit 19 Zeichnungen, 16 farbigen und 101 schwarz/weissen Abbildungen, gebunden Fr./DM 48.–

Lotti Lauterburg

Stoffdrucken

Eine Anleitung mit vielen praktischen Hinweisen, Vorlagen und Anregungen für Stempel-, Schablonen- und Batiktechnik.
2., überarbeitete Auflage, 104 Seiten mit 145 Abbildungen, kartoniert Fr./DM 12.80

Heidi Haupt-Battaglia

Komm, wir sticken!

Es ist viel leichter als du denkst. Eine Anleitung mit vielen Vorlagen und Anregungen, wie du und ich sie brauchen.
7., überarbeitete Auflage. 202 Seiten mit 6 farbigen und über 200 schwarz/weissen Abbildungen. Gebunden Fr./DM 26.80

Gottfried Tritten

Erziehung durch Farbe und Form

Ein methodisches Handbuch für das bildnerische Gestalten und Denken der Elf- bis Sechzehnjährigen.
2. Auflage, 412 Seiten mit 374 farbigen und 522 schwarz/weissen Abbildungen. Leinen Fr./DM 128.–

Verlag Paul Haupt Bern und Stuttgart

Hildi Vogler-von Känel

Wir knüpfen

Ein Lehrgang mit vielen Beispielen und Hinweisen für einfache und anspruchsvolle Macramé-Arbeiten.
3., verbesserte Auflage. 196 Seiten mit 16 farbigen und 205 schwarz/weissen Abbildungen, gebunden Fr./DM 39.–

Franz Zeier

Papier

Versuche zwischen Geometrie und Spiel.
Ein Werkbuch, Lehrbuch und Schaubuch zur Anregung, Anleitung, Weiterbildung – eine Fülle von Material für kreatives Arbeiten in Papier.
320 Seiten, 31 farbige und 667 schwarz/weisse Abbildungen, 171 Werkzeichnungen, gebunden in Schuber Fr./DM 95.–

Dr. Bruno Mühlethaler

Kleines Handbuch der Konservierungstechnik

Eine Anleitung zur Aufbewahrung und Pflege von Kulturgut für Sammler und Konservatoren von Museen.
2. Auflage. 174 Seiten, kartoniert Fr./DM 28.80

Friedrich Frutschi

Holzschnitzen und Holzbildhauen

Eine gründliche Einführung in Technik und Material für Laien und Künstler – mit vielen praktischen Beispielen und Anregungen.
2. Auflage. 168 Seiten mit über 180 Abbildungen. Gebunden Fr./DM 32.–

Walter Läuppi

Farbenknigge

Theorie-Kleidung-Zimmer-Haus. Populäre Farbenlehre für Laien und Praktiker.
107 Seiten mit über 200 Farbbeispielen und vielen Anregungen. Gebunden Fr./DM 38.–

Benno Geiger

Keramisches Gestalten

Eine Anleitung mit über 300 Beispielen in Bildern und vielen Anregungen für Laien und Fachleute.
2., überarbeitete Auflage. 160 Seiten, mit 188 Abbildungen. Leinen Fr./DM 25.80

Verlag Paul Haupt Bern und Stuttgart